東京オリンピック直前版

“中古ワンルームマンション”投資の秘訣！

～初心者が「東京オリンピック」以降まで儲ける投資法～

区分所有54室・
兼業サラリーマン大家
芦沢 晃
Akira Ashizawa

はじめに

ご存知の通り、オリンピック直前のアベノミクス政策で空前の不動産投資ブーム・ピークで、多くの書籍、教材等がメディアに溢れ、TV放映もされ、バブルのような勢いで次々に新築のマンションも建設されています。

このような状況下で、私のような小さな区分物件だけの零細個人兼業大家が書籍を出させて頂く必要はないのでは？　と感じていました。

しかし、今年2018年の春先には某銀行と不動産業者の事件で融資が急激に絞られ、サラリーマンの不動産投資は潮目の変化を迎えました。その結果、不動産投資のブームは、現金購入が比較的容易な少額の「中古ワンルームマンション投資」が再び注目され始めました。

また、オリンピックの勢いも現実的に加速してきました。「街を歩けば外人さんにあたる」というくらい、これまでの日本とは大きな様変わりを遂げています。もちろんそれは、移住してきた方への住居や、いま話題の民泊（宿）を提供する、不動産投資の世界にも大きく影響することは言うまでもありません。

特に、私が専門とする「中古ワンルームマンション」は、民泊やウィークリー宿泊などにも、管理規則次第ではズバリこの需要にマッチしているのです。

はじめに

実は、私も執筆時には還暦を迎え、35年間のサラリーマン生活を一区切りでき、ほぼ同時にアルツハイマー病の母が急逝、18年間の老親介護も完了しました。

息子も大学4年生を迎え、兼業大家収入の目的だった我が家の生活目標を一通り達成し、わが身をもって兼業大家の有益性を実験検証できたと言えそうです。

また、本書「中古ワンルームマンション投資の秘訣」シリーズも2015年の初版から改訂版を経て、早くも3年が経過しており内容も少々古くなりました。

このタイミングで、実際にサラリーマンの定年（老後）後の経済的背景の確立や介護を完了した実例を、業者さん目線ではなく、読者と同じ立ち位置でご紹介させて頂く意義はあるだろうと考えました。そこで、今回さらなる加筆や編纂をして、「東京オリンピック直前版」として執筆させていただいた次第です。

最近の「不動産投資でアーリー・リタイア」「年金に頼らない安心老後」というキャッチ（？）に誘われ、自己資金皆無で無理な資金計画と不適切な物件に高額投資して行き詰まったり、財務基盤が不十分で退職してしまい、後悔されている方も散見されます。そんな世相も考慮し、今回の改訂版では「働き方改革」のトライアルにも触れました。

不動産投資に自己資金は必須で、融資が厳しくなった今後は、従来以上の金額が必要です。資金の作り方は様々ありますが、どんな方法でも基本はご自身が働いて稼ぐ「人的資本」が元になります。

一方で、今や働く人の4割以上がいわゆる「非正規雇用」で、年収300万円以下です。私の物件に最近、ご入居されるお客様の半数以上が該当します。日本は「正規」と「非正規」の身分階級社会になってしまったのです。

片や、非常に難関の「正規社員」を勝ち得たはずのサラリーマンが、過労死の現実に直面し、アーリー・リタイアを夢見て、自覚がないまま、適切ではない不動産投資を始める方もいらっしゃいます。日本の雇用体制（根本は年功の社会保険制度）は、新卒以外は傍流で、正規社員に採用すると絶対忠誠で人生の殆どの時間を貢がせ、60歳で使い捨てるシステムは限界が来ています。

老親介護のため、この勤務体制に耐えきれず、途中下車すると椅子は塞がる為、社会復帰できない人材も急増しています。

しかし、仕事か家庭か？　All or Nothing の選択肢だけでは日本は破綻します。

若い現役の正規社員は過労死するほど働き、60歳以降は年金生活者では、日本の人口構造から財政経済は立ち行かないことは明白です。

そこで、第3の選択肢、投資家&コンパクトな個人事業者に変身することを本書でお伝えしていきたいと思います。

不動産投資の目的は、投資家ご自身の幸せな人生実現のはずです。つまり、現実的な解決方法は「働き方と投資方法」のバランスを平均化し、定年前後も連続的に仕事・投資・生活がごく自然に繋がっていることが非常に重要であると考えます。

私はこれまで本業、兼業大家、個人技術士業、介護などを続けてきました。しかし一区切りついた今後は、新しい「働き方改革」で兼業大家を続けよう！　と新たなるスタートを切りました。具体的には、個人事業主として会社と契約を結び、複数の仕事をしながら兼業大家を継続しています。

私の場合は、年金は国民年金にチェンジし任意継続納付を続けており、受給資格は未だ先です。家賃収入だけで生活費を賄い、物件を維持して、追加再投資も可能なので、個人事業は自分の生きがいである「好きな事」を人的資本としても活用する意義を見出していきます。

皆さまも、才能を生かせる好きな仕事で好きな時に働きながら、兼業大家さんを継続できる「新しい社会ルールの先駆けになって頂きたい」と願い本書を世に贈り出します。

芦沢　晃

〔目次〕

新章 東京オリンピック直前の最新「ワンルームマンション投資」事情&私の48室目～54室目の詳細

第1章 区分投資で成功する条件とは？

第2章

まず「スタンス」ありき

第3章

東京オリンピック開催までの中古区分投資動向

第4章

失敗から学んだ、正しい区分物件の価値基準

第5章 自己資金をどうするか？

第6章 どのルートでどう探すか？

第7章 大家さんスタート・・・その前に

第8章 管理組合の実態

新章

東京オリンピック直前の
最新「ワンルームマンション投資」事情
&私の48室目〜54室目の詳細

新章では、激動する中古区分投資業界の最新状況と、その状況下で購入した私の直近7室についてご紹介していきます。

中古区分投資の投資スタイル自体は普遍のものですが、その中に常にトレンドの要素も加味することでさらに利益率や資産性が高まっていくのです。

◆2018年潮目期の中古ワンルームマンション投資思考

冒頭で述べましたように、2018年に不動産への融資が急激に絞られた一方、大企業でも外資株主による厳しい短期利益追求から様々な経営問題で大量のリストラが発生し、正にサラリーマン受難の時代です。

そんな中で、私の会社の同世代の管理職が、飲み会の時に、ふと、一足先に卒業した私にこんなお話を漏らしました。

「定年間近で、会社の状況も厳しく、いつリストラになるか不安なので、現役のうちに与信で融資を引いて、賃貸物件3棟（RC+S造+木造）を纏めて購入したけれど、実際運営してみると、維持費用と稼働率が厳しく、返済は重く、キャッシュフローが苦しいと感じ大変だ。」

彼は全国を転勤し続けたベテラン管理職で、転勤の度に自宅区分分譲マンションを買っては賃貸し、4室を運営していました。しかし、上記のような時代背景で、融資が閉まる前にと、慌てて駆け込んだのです。それまで区分4室はうまく回っていたので、短期間で無理をしすぎたと感じているようです。

同様に、これから不動産投資へ入門される方も、今も物件高騰は続いている一方で、有利な物件は目が肥えた既存投資家が上流で買ってしまうので、残った物件を慎重に収支と財務を長期計算して「素早く慎重に」厳選する必要があります。

前述の知人は、私より上席で重厚なノルマの責任を担い、予算執行に手腕を発揮するべテランで、既に区分物件を運営する実績がありながら、慌てたため、本意とは異なる方向へ踏み外してしまったようです。会社経営の大きな予算のある一面を執行するのと、個人大家業全体を上手く回すのとでは、異なる能力も要求されます。

このような理由から、現金投資ができる小規模の中古区分マンションや一戸建が再注目されています。実際、過去10年以上、お付き合いのある区分物件兼業大家さん仲間は、皆さん、規模拡大のスピードは遅いですが、順調に運営され、最初の頃にセミナーで知り合った方は、「そろそろ定年退職を迎えるが、何とか家賃だけでも生活できるCFに達し、息子も大学を終える目途もたった」と仰っていました。

これから言えることは、サラリーマン収入を生かした区分現金投資による兼業大家さん達は、成長速度は遅く地味ですが、着実にCF（キャッシュフロー）を積み上げてゆき、ローリスク、ミドルリターンで静かに着実に前進できています。

◆高騰期でも新規購入できる秘訣は運営全体を睨んだトータルバランス最適戦略

次に、私の最新の中古マンションの購入事例をご紹介します。

現在53棟にて54室所有していますが、前著発売時の2016年9月時点では47室でしたので、この2年弱で7室ほど買い増していることになります（表A参照）。

最近では、利回りよりも空室時の負担軽減を狙い、毎月の管積合計負担額が小さく、管理組合の長期修繕積立金の総額が大きく、総戸数も大きい物件を狙っています。これからその根拠をご説明していきます。

基本戦略は、合計54室のポートフォリオ規模で十分なCFが毎月出ますので、もう利回は追求しません。不測の大災害・空室時の負担リスクヘッジを考慮し、将来も賃貸需要が強いスポットで、毎月の管理積立金負担額が小さく、組合の修繕積立残高が大きい物件を選定し、将来も少ない負担で修繕積立残高を増せるように、戸数が大きい物件に投資する

表A　2018年直近での購入物件事例

場所	購入年	築年	価格	利回	間取	管積費／月	積立総額	総戸数	投資根拠
八王子	2018年	1991年	400万円	12%	1K 17㎡	9000円	2200万円	130室	近所で自主管理
川崎市川崎区	2018年	1980年	745万円	9%	1K 24㎡	8800円	1.7億円	121室	勤務先直近
横浜市磯子区	2018年	1989年	600万円	10%	1K 17㎡	4800円	9600万円	270室	昔住んだ寮直近、勤務先工場の直近
練馬区	2017年	1990年	490万円	9%	1K 18㎡	8000円	3000万円	46室	サブリースポートフォリオ追加
品川区	2017年	1985年	690万円	10%	1R 10㎡	13000円	1600万円	56室	勤務先支店直近で頻繁に通勤
八王子	2016年	1991年	435万円	12%	1K 17㎡	6200円	2500万円	120室	近所で自主管理

合計54室合計の家賃は約3300万円、管積のキャッシュアウトは年600万円程度なので、大災害時家賃収入が途絶えた負担リスクヘッジを考慮した投資方針としている。

ことにしています。

現金購入できる少額の区分市場は、まだ融資縮小の影響を受けていないので、アベノミクスの高騰で都心部は投資に合いません。そこで郊外中心に購入しています。郊外の1Rなんて、将来の値崩れと空室で危険？　というのが一般論ですので、この当たりをお話させて頂きます。

自宅付近のAマンション区分1Rは、約1年間に同棟内での売物件に地元3業者さんへ4回（4室）に買付を入れました。今後、自由になる時間を活用して、今まで多忙でできなかった、地元密着大家業を賃貸運営戦略方針の一つに加えたかったからです。

従来は都心区分物件ポートフォリオ毎の最適管理システムで、時間と手間をかけずに遠隔運営する戦略でした。今度は180度転換し、地元の懇意業者さんと強くグリップしつつ、一部セルフリフォームと自主募集により他物件を差別化する戦略のポートフォリオ物件群を築くためでした。

成約できた業者さんは古くから旧自宅物件の賃貸募集を何度も依頼しており、そこのオーナーチェンジ物件でしたので、予定の自主管理戦略を切り替えて、代行管理で任せることにしました。代行集金して貰った(自分で直接集金もできますが手数料を管理業者さんへ落とすため)家賃は店舗手渡しで毎月面談(これが重要)し、盆暮、新年の挨拶も欠かしません。売買物件紹介もお願いし、その度に同行・内見し指値買付を入れました。

Aマンションはその後、入居者の大学生が卒業、退去した際は、何度も現場へ立ち寄り内装工事の指示を出すことで最小限の項目(総額だけ値切るのではなく、項目毎相応の利益は管理業者さんへ落とす)にできました。

別に購入した近所のBマンションの空室区分物件は、いつも前を通り、欲しかった物件で、川崎在住のオーナーが実需破産者から任売物件を購入したもので、3か月埋まらず、空室再販での紹介でした。日曜夜間、連絡を貰い、すぐ自転車で行って内見し、その室内で買付を書きました。居室の表面はリフォームしてありましたが、水回が非常に傷んでリスキーでしたので、敢えて、瑕疵担保責任無しの分、指値しました。

賃貸はすぐ近所の客付業者の店長さんが旧知の地元ソフトハウスが同棟内で社宅部屋を探しており、募集1週間で借りて頂けました。川崎のオーナーさんが、遠隔地から都心の1R管理業者へ賃貸付依頼し、地元客付業者さんへ3重伝言ゲーム(?)で3か月空室に悩んでいたものが、地元客付業者さんを直接訪問して顔見知り同志、直支払い両手手数料なら1週間で付いてしまうのです。

郊外1R物件は都心管理業者さんが遠隔管理&客付するので、どうしても手薄になります。そこを近所で個人がきめ細かい地元密着営業すれば、本来、賃貸ポテンシャルが高い物件なら、十分勝てるのです。（郊外は家賃が安いので、維持費負けしない物件は非常に少数限定される）

瑕疵担保責任無とした水回りは一般的には高額修繕となりますが、ネット通販で器具を購入して自分で交換しました。入居後、予想通りトイレが詰まるクレームが入りました。一旦、ホテルへ宿泊してもらい、地元配管工事共同組合から一人親方さんを紹介してもらい、ユニットバスの便座回りを交換して解決しました。宿泊費用は賠償責任保険請求交渉しましたが、審査NGだったため、一部見舞金（地元商店街のWebサイトを作る会社なので、地元民とのもめ事は避けた）で示談としました。

このように、この1~2年は今後の私の個人ライフスタイル変化を見越し、それに最適な、従来とは真逆の管理スタイルの物件群をポートフォリオの一部として加える投資戦略で購入してきました。物件価格が高騰する市場でも、従来通り、現金購入して着実に賃貸する手法は同じです。

前述の手法は、戸建や木造アパートなどでは、やり尽くされた古くオーソドックスな方法ですが、私の地元区分1R物件では（都心部の管理会社の遠隔管理が殆どなので）前例がないと業者さんは驚いていました。きっと、皆様各自に最適な場所、管理方法、業者さん付き合い、工事方法などに応用できるはずです。

◆兼業大家としてサラリーマン生活を全うした実例（私の半生）から、「最適」な選択をシミュレーションしてみる

それでは、これからのサラリーマンはどんな物件を買って、どう生きたらよいのでしょうか。

仮に今の私が「自己資金ゼロ」！　その代わり23年間蓄積した区分物件運営ノウハウと、35年間のサラリーマン経験、そして40年以上培ってきた専門技術とその人脈だけがあるとして、どのような不動産投資をするかシミュレーションしてみました。

不動産投資の旨味は、「自分の置かれた環境・立場で、最も有利・最適な方法を選択し、独自の物件運営ができる」点です。その根底は「投資目的は何か？」究極は、「人生目標は何か？」に行き着くので、結局、百人百様なのだと思います。

●「生きがい」をお金に換えていく

今の私でしたら、この状態では、すぐには不動産を買いません。60歳を迎え、サラリーマンの人的資本の減価償却が終わった老人で与信ゼロです。しかし、専門分野での人的資本は、ボケない限り死ぬまで定年はありません（先般亡くなられたホーキング博士は、体はご不自由でも専門知識で天寿を全うされました）。好きな専門分野の人脈で、会社に属さない仕事（私はこれを「個人技術士業」と呼んでいます）を楽しみつつ、人的資本を現金に換えながら自己資金の核を作ります。

私は好きな専門分野に専念したく、会社からの退職を希望しましたが、上司や職場の同僚からどうしても業務支援を希望されました。それなら「働き方改革」の先駆けになってみよう！　と、「個人」対「退職した会社」間で、他社の仕事を公認して頂いた上、週任意の2日間、技術支援業務の個別契約を結びました。

当初、会社（総務・人事部門等）はルールが無い為、コンプライアンスに反しNGとしました。しかし、提案資料を提出して職場の上司にもご支援頂き、初事例として契約許可されました。勿論、他社との契約も公認ですので、複数の会社さんと技術講師やテクニカルライティングの仕事を頂いています。不動産関係のセミナー講師や執筆は、半分趣味で、大家さん交流の目的ですが、楽しいので、お引き受けできる時間が増えて幸せです。

人的資本を生かせば、昔、私が自己資金を貯めていた時代に比べ、今は格段に論理的な手法で資金を増やすことができます。個人投資家でも、リーズナブルなコストで地球上の全資本主義に投資できる「上場投資信託」、海外証券市場で市場成長以上のペースで着実に収益を上げ続ける「バリュー株個別銘柄投資」などです。ですからまずは100万円を貯め、それに人的資本からのキャッシュフロー（CF）を毎月足しながら、複利運用して1000万円を目指します。毎月、生活に最低限必要な費用を円キャッシュで持ち、余剰資金は上述の海外資産に回し、配当も再投資して複利運用します。

●得意な土俵でしか勝負しない

こうして1000万円に達したら、今までの区分物件（マニア）人脈ネットワークで、資金の半分の500万円で上流非公開の中古区分物件を、23年間の経験データから「岩盤賃貸スポット」（賃貸需要が非常に高く、それが未来に渡って予想できる、世間一般の「エリア」よりもずっと狭い場所）で探して投資します。退去時は築き上げた管理システムを活用し、必要最小限の内装整備をプロに依頼します。あとは、時間が自由に使える個人業のアドバンテージを生かし、セルフでの仕上げと差別化&付加価値付けをして、運営コストを抑えつつパフォーマンスをアップします。

一方、残った500万円の資金は、個人業で得た収入と毎月の家賃CFを加えながら、証券市場での配当とともに複利運用します。これらを繰り返しながら、自分が好きな専門分野の仕事で毎日を楽しみながら暮らして行くうちにあっという間に20年が経過し、80歳の寿命が来て、「幸せな人生だった」と家族に言い残せるでしょう

その時は「ほとんど課税評価対象とならない（建物は減価償却し、土地は付いていない）毎月CFを生む区分物件」と「自動的に配当が入る証券」が残ることでしょう。

●私自身が介護状態になったら

私の兼業大家目的はアルツハイマー病（パーキンソン病も併発）の母の介護が最大の目的でした。母は昨年（私の定年1年前）に急逝しましたので、家賃収入の御蔭で18年間の介護を全うできました。

次に来るのは私自身か、妻の介護かもしれません。常にCFを出しながら長期間で少しずつ拡大させた私の賃貸物件ポートフォリオ・システムは、母の介護を乗り切った実績が

ありますので、同じ問題を再度解決できる実力はあろうかと考えています。

最悪、私自身が介護状態になった場合は、一部の自主管理物件を代行管理に切り替えれば、自分が動けなくなっても運営はできます。私に判断力が無くなり、家族（息子）も運営（賃貸業を継ぐ）意思が無いとなれば、いよいよ、終活となります。

●終活を考える

現時点で学生の息子の将来は、未知数で分かりません。不動産に興味が湧き、彼に才能があれば、物件を引き継いでも原価は無料、利回り無限大なのでうまく運営できるでしょう。

息子が大家業を継承しないなら、全て売却すれば良いでしょう。区分物件の現金投資家（マニア？）は景気や相場に関係なく必ず一定数いらっしゃるので、私が残した人脈に乗せて売りに出せば1日で買付が入り1週間で成約、1か月以内には現金化できます。各物件の管理システムは部屋毎最適化されており、私が直接関与せずとも回って行きます。

具体的には、遠方の物件は借上げサブリースとし、同じ管理会社に都心の代行管理を委託し、サブリースの値下げ要求があった場合、代行管理手数料とのトレードオフ交渉を組み合わせます。優良入居者物件は自主管理。しかし、退去して不良入居者が入ったら、その部屋（区分物件）は代行管理に切り替えるといった方法です。従って、このシステムはオーナーチェンジ後も継承すれば、お住まいの賃借人様にご迷惑をおかけすることはありません。

相続税の支払いは、小さな区分物件は減価消償も終わり課税評価額が低い割に、収益価値相応の市場時価を持っているので、何室かの区分を売却すれば十分賄えるでしょう。息子は好きな仕事で生きながら、私が残した「着実に配当が出る証券ポートフォリオ」をなぞって追加複利投資してゆけばよいはずです。無理せず数十年経てば、日本の年金制度がどうなっていようとも、息子の老後資金の仕組みは構築できているはずです。

第1章

区分投資で成功する条件とは?

古来より投資に成功する秘訣は「成長」「オリジナル」「歪」の3つを集約して「未来を予想できること」ではないでしょうか？　前述の不動産運営に当たってのスタンスをもう一度振り返ってみますと、このようなことを追及しているのだと改めて気付かされます。過去を見ながら、背中方向・見えない未来に進んでいるようなものです。

◆成長

グローバル化した近年、大流行している新興国への投資に代表されます。経済のパイ全体が急激に成長する環境では、お金を何かの「モノ」に変えておけば、すでに成長が止まってしまった先進国に比較して、相対的に短時間で大きくなってくれます。

最近流行の先進国不動産投資は、この代表格でしょう。私自身は、邱永漢先生（故人）の教えで、90年初期の中国B株投資で、値上がり、株式分割、配当の3重加速を経験させていただきました。

一般的な、区分物件の場合は、海外の区分物件のキャピタルゲイン投資が代表でしょうか？　身近では、熟知した街の特定スポットの将来の需要が成長するという、未来を読むことでしょう。

◆オリジナル

競争に勝ち抜けるオンリーワンで勝負する方法です。誰も追従出来ない「モノ」には、お客様は、その希少価値が欲しいので、高い対価を支払ってでも、それを享受したいと望みます。

スーパーのパック詰めお寿司より、一流料亭のカウンターで板前さんが生簀の新鮮なネタを裁いて握ってくれるお寿司なら、高くても食べたいですね。

不動産でしたら、物件ひしめく激戦区でも、1Rに1612のフルオートバスを入れるなど入居者の心を掴むオリジナルな物件をゼロから設計して新築すれば、高めのお家賃でも、周囲の物件から入居者が自然に集まります。

それを、独自の広告方法で募集し、独特の管理特典などを付ければ、究極の大家さんです。

◆歪

代表的な例は、株式投資のデイトレードでしょうか？　熱きトレーダーは、個別企業の業績や成長性などは全く関係無く、1分、1秒のチャートの動きの歪を見つけ出し、売買差益を狙います。

一方では、業績や将来性の割に、株価が割安に放置されている企業株を見つけ出し、その歪に中長期的に投資するバリュー投資家もいらっしゃいます。

不動産では、竿地に公園や学校などが隣接する場合、自治体毎に条例が異なるため、一般的な竿地より有利な建物を新築するテクニックを駆使できる方、借地権物件を買って、底地権者と交渉して、底地権も後から手に入れ、所有権に大化けさせてしまえる方等が好例です。

あるいは海外不動産でしたら、築古物件でも、建物減価償却が売買毎にリセットされ、築古でも下落しない出口を見越し、日本国内決算では、築古の短い償却年数を活用して、大きく減価償却を経費計上して利益を出しながら、最後、海外での減価償却ルールで高く売却する。などは国内外の償却ルールの歪を利用した投資でしょう。

国内の平凡な区分物件でも、歪は色々と活用できます。独自のインサイダールートから誰も知らない未公開物件を買う。管理システムが物件毎に固定化されているシステムの歪を見つけて、自分独自の管理ポートフォリオを築くなどがあげられます。

◆自分のポジションを俯瞰する

理想の不動産投資は、余裕資金で、都心の一等地に土地付一棟物件を無借金で買って、安定満室運営することでしょう。

普通は、いきなりそれは無理なので、少ない自己資金で、早く、規模を拡大するためには、フルローンを引きます。そして以後も融資が使えるよう、担保余力も残しておかねばなりません。

しかし、キャッシュフローはプラスに回らないと融資は降りませんし、投資の意味もありません。このトレードオフをクリヤーできる物件は、高い積算故、多額の融資が引け、建物減価償却が長いため、返済期間を長くできるＲＣ（鉄筋コンクリート）一棟物件を、「積算評価額以下で購入する」ことです。

これが、高額な融資にも係らず、毎月の返済額を抑えてキャッシュフローが出せる、良く知られた一般的方法です。

しかし、最初から都心一等地で、これを実行することは現実的ではありません。皆が狙っている目標なので、競争が激烈で、積算評価以上でしか買えないからです。そのため、以後の担保余裕を確保し、積算評価以下の金額で購入するためには、どうしても、賃貸需要が弱く収益還元価値が低い（空室リスクが高い）ので安く買える、地方の立地でスタートすることになります。

物件の場所と、融資する銀行の営業対象エリアの整合も必要になります。所有してからも、都心部のように、ただ持っていれば安泰というわけには行かず、安さのリスクを取った分、最初からいきなり本格的な客付けやリフォームのノウハウが必要になります。

また都心に比べて、家賃を低くしても客付にエネルギーが必要です。しかも、家賃が安くても、建物の修繕費は、全国さほど変わりませんので、家賃収入に対する維持費用の割合が高くなります。

多額の融資を可能たらしめた高い積算は、裏返せば高額の固定資産税をもたらす、両刃の剣です。

しかも、地方の立地では、積算評価の構成比は圧倒的に減価償却する建物が占めます。経年での売価下落が大きいので、出口のタイミングを間違えず、利益確定しながら立地を都心へと買い換えて行く必要があります。

これらは、結果を体感するまで非常に時間がかかります。特に融資期間を長くできるRCは建物寿命が長く、ライフライン用の付帯設備が高額なので、維持費が木造に比べ膨大にかかるのです。

人の寿命にも等しいため、ご自身のお仕事や他の投資とはタイムスケール感が違います。長大な時間スケールの中で、このまま進むと将来どうなるかの、全貌と自分の立位置が見えず、今が良いからと、崖っぷちに向かって突き進んでいても気付きません。

くわえて、ご自身の生活圏から離れた場所で行うためには、ご自身専用の管理システムをゼロから構築できないとうまく運営できません。

この重たい積算と、融資上の大きな制限、キャッシュフロー難（積算が出る立地の賃貸の弱さ＋家賃の安さによる維持費の割合高、高額の固定資産税）遠隔運営難、経年売価下落の魔の回廊を上手に潜り抜ける、大家業としての時間、エネルギー、知恵、胆力などが必須なのです。

この難関を無事クリアするのは、都心の現金投資・区分物件運営など、比較にならない力量が必要です。

私がセミナーへ参加しはじめた頃、ある懇親会で先輩大家さんから「現金で区分買っている程度のヤツが、いきなりフルローンで大型ＲＣ一棟買いは止めときな」と忠告いただきました。今振り返ると、当時は何も知りませんでしたので、その通りだったと思います。**旨く成功すれば、区分物件の現金買いの１／10以下の時間で10倍以上の規模に急拡大**できるでしょう。

一方で、セミナーでお会いする読者の皆様と交流させていただくと、「区分所有マンションで大家さんになろう」という方は、正規雇用サラリーマンの方が多く、自己資金も数百万円~1000万円以上と堅実な方が大半です。

比較的都心にお住まいで、「兼業大家として、今のお仕事も続けて行きたい」「サラリーマンを継続しつつ長期間に渡り大家さんをやって行きたい」という方が、常時、参加者の半分以上いらっしゃいます。

このように、そのプロフィールには一定の特徴があることも、皆様とお会いしてわかりました。つまり、区分物件投資・運営に取り組まれ、成功される皆様は、ほぼ特定のスタンス&ポジションがあるということです。

これから収益不動産を買ってみようと、色々とご研究中の皆様が、本書をご覧いただき、ご自身が区分物件をどのように生かしてゆくか、あるいはそれ以外の物件の方が適しているかのご判断に、お役に立てると思います。

この**体験からの究極の区分物件投資は、「キャッシュ優先で、積算価値ゼロの空中権を、利便性の高い賃貸商品として貸す」ことに尽きると悟りました。積算に関係なく、収益還元価値に徹する**ということです。

私は、不動産のプロでも、コンサルタントでもありませんので、全ての読者にそれぞれ、どんなスタンスが最適かは、申し上げられません。

しかし、区分物件による個人大家として23年間の家賃を実生活に生かして、サラリーマン生活を35年間、母親の介護を18年間、子育てを21年間、無事継続できていることからお伝えできる事実があります。

本書をご覧いただくことにより、読者の皆さまが、あたかも23年間、私とご一緒に区分物件を運営したと等しき疑似体験をしていただき、ご自身への適否をご判断いただければ幸いです。

これから初めて不動産物件を購入する方へ
激変する中古区分物件「相場」「管理」「運営」

■最近の中古区分物件の相場

本書は「区分物件に投資スタンスを絞って不動産投資を始める方」向けに執筆させて頂きましたので、まずは最初に直面する購入を解説します。

●2～3年前の1・5～2倍の相場、区分中古1R物件はバブル以来の高騰

今、投資物件価値は新築より中古の方が割高で逆転現象が起きています。中古区分物件の値上がりも激しく、2～3年前の1・5～2倍程度の価格に上がっています。

特に**中古ワンルームは現金購入の独自市場**があるため融資足かせの築年や積算に関係なく、独自の価値尺度から古くても賃貸が良い物件（未来が明るい好立地物件）は皆が欲しい為です。

●ガイジンさんの爆買動向

前著発売時は香港、台湾、中国を中心とした個人投資家による爆買いで、日本の業者さんも競って流通ルートを開拓されて、日本国内投資家が買わない価格でも海外投資家が買って行きました。

海外投資家専用のマイソク物件地図は、東京都全体のベタ塗背景図形にスカイツリーと羽田空港と物件写真の3つのマンガが描かれているだけ、という驚くべき資料で売れてしまう実態！

しかし、最近の売買仲介業者さん現場営業マンからは、こういった**爆買が一時程ではなくなり、区分物件の利益確定売りも増えた。**

都心が高騰し過ぎたこと、円高傾向、中国国内の動向にも原因がありそうと聞きます。一方、私の知る範囲での感じですが、アジアへの流通ルートを確立した業者さんへは売買が極端に集まり、その流通ルートを持たない業者さんは全く流れに乗れていない片寄りが、取引が減っている原因かもしれません。

●魔のバブル再び

私は、'89年末ピーク時に区分マンションを初めて購入した、いわゆるバブル被害者です。当時と同じ物件をトレースしてみると、築年が古くなったとはいえ価格は当時の1／5以下ですが、**家賃見合いでは明らかにバブル**です。

'80年代から都心の同一中古1R物件をずっと見てきた経験では2000年代にあった不動産バブル時以上、'90年バブル以来の高騰の波が来ていると感じます。ご存知のように**一般不動産相場は銀行融資の資金量が作り出します。**

'90年バブルの引き金はプラザ合意の円高による金余りと公定歩合放置で、崩壊のトリガーも総量規制・融資引締めが引導でした。今は中古1R市場のかなりの部分は現金投資とはいえ、融資が締まって一棟物件相場が崩れれば、現金区分相場も伴連れします。

家賃相場と築年数のバランスから、物件の賃貸商品期間での累積収益が取引価格を超える中古1Rの現金投資相場は、どう考えても**これ以上の高騰はバブル**です。問題はそれがいつ崩壊するかですが、個人的な予測では、「バブル当時は存在しなかったガイジン買いが日本物件をいつまで安いと見るか」と、「一棟物件への融資動向」次第と考えます。2018年の融資変化は区分物件の現金投資市場にも影響するでしょう。

●それでも物件は買えるか?

ここまで、物件が高騰し今は購入できないようなお話をしましたが、購入できる物件が無くなったわけではありません。実際、私自身は直近では2018年7月まで、以前と同じペースで2～3

室／年程度、コツコツと継続購入しています。

この方法は後章でご説明する人脈ルートです。とはいえ、都心を外した郊外のホットスポット（詳細後述）でも家賃４万円で、以前は３５０万円程度で購入できた物件が６５０万円で売りに出ているのが実態です。

こんな時期に何がチャンスかと言えば、相場冷却時は殆ど売物件が出なかった場所（ホットスポット）が売られている点です。つまり売手さんが絶好の売時と見て、今まで**大切にホールドし続けていた優良物件の利益確定（現金化）を狙っている**わけです。それだけ立地、賃貸、建物何れも良好なので、売り買い双方の個別事情がマッチングすれば、このタイミングならではの優良物件を手にできます。

例えば、複数バルク売トータルで目標金額を確定できれば、個別の1物件は金額より現金が入る時期を優先して、目的（一棟への乗換え、老後生活資金化等）を果たしたいという売手さんがいらっしゃいます。こういった**情報は物件そのものではなく人に付いて回るので、その流れにあなたの現金をマッチングさせる**わけです。

●ホットスポットは「当たり屋（物件）」に付いて探す

「ホットスポットはどうやって探したら良いですか？」と良く聞かれます。

３章で後述しますが、家賃のインカムゲインだけで（売却キャピタル益に頼らずとも）利益確定可能で、将来性のある物件は、都心周辺にスポット状まだら模様に分布しているとご紹介しています。

それを簡単に見極める一つのヒントは、バブル以前，80年代初期に建てられた15㎡3点ユニット物件がある場所です。

代表例は1R元祖マルコーの**メゾンドシリーズ**ですが、創業者の金田社長さんとこの企画を発案したキーマンのお話を伺うと、販売後の長期の賃貸管理をもリスク考慮し、**将来にわたる賃貸需要を万全のマーケットリサーチを行って立地選定**したとのことでした。

つまりプロが事業生命を掛けてリサーチし先行一番手で入手したベスト立地であり、その成否は今、その物件の賃貸状態を現場で見れば誰でも確認でき、言うまでもなく、ほぼ満室なのです。

　その近所で「買える物件」があるかを探すなら全くの初心者でも簡単にホットスポットを手にできる一つの探し方です。

●ホットスポットでも進む2極化

　今の中古1R相場では**インカムゲイン期待と、キャピタルゲイン狙いのエリアが2極化**しています。ですからメゾンドシリーズのスポットなら同じ基準で買える訳ではありません。
　これも一例ですが恵比寿や品川などと、立川、武蔵小杉（他にもスポットはたくさんあり）では同じ築30年の中古1R現金買いでも**異なる利益確定ストーリーを描いて購入判断**する必要があります。

●築年への考え方

　私の過去の書籍で購入判断のシミュレーション例と築年の判断基準をご紹介しています。最近、読者から「芦沢さんの方法では、今買える物件が見つかりません」というご質問を良く頂きます。ごもっともで、執筆当時、「今」を予想できなかったので安全サイドでリスクヘッジを考えました。

　一方、年々物件は古くなり、建築再生技術は日々進歩しています。築30年というのは法定減価償却年数を参考に一例とした基準ですが、今は日本全体で既存物件の築年は古くなり、築30年超物件の再生も進み、賃貸商品として問題ないことが実証されつつあります。

　例えばエレベータ交換などは当たり前で、「給排水管の寿命＝物件寿命」等と言われていましたが50～100万円／戸で全棟ライニングや露出配管での再生実績も多くあります（ライニング寿命自体が5年程度なので定期施工が必要との情報もありますが）。

　一方、投資家も年を取るので20歳代の方と60歳代の方では、ご自身の目的次第で適した築年も異なります。特に区分1R現金投資の場合、融資年数制限はなく、積算価値も無関係なので、自己最適に絞って築年を好きに選べます。

　区分1R現金投資は「ローン無し、積立修繕金残高有」等、一棟物件投資とは前提条件が大きく異なりますので、各自で最適戦略を練ってみてください。

●売却か購入かの判断基準

　ここまで購入のお話でしたが、一般的に今は明らかに売時で、知人大家さんの多くは売却で利益確定しています。買いをご紹介したのは、入門者は買いしか方法がないからです（株のように現物1Rの空売りはできません（笑））

　'80年バブル時の投資用1R書籍は「買いまくれ」と煽って、相場が崩れると一斉に書店から消えてしまいました。本来なら売上部数によらず、「売りまくれ」という本も出れば被害者も減ったことでしょう。

　私はバブルのピークにマンションを購入したので、**入門者の方にはニュートラルで冷静な情報をご提供して、各自のご判断で失敗の無い投資して**頂きたいと願い、本書を改定しました。ですから**売時の今、後章のような判断基準で売るか、買うか、待ち続けるかを自己責任で判断して、**冷静に投資して頂きたいと願います。

■最近の区分1R賃貸＆管理トピックス

●将来の現金収入が見通せる安心感

　私の著書『改訂新版　中古1Rマンション堅実投資法』（ごま書房新社）でも失敗体験としてご紹介した、バブルピーク時にローン1500万円＋自己資金1500万円の合計3000万円で購入した旧自宅は今も賃貸し続けています（管理組合の積立修繕金残高1億円）。

　23年間で空室期間は合計6か月以内、家賃から管積を引いた手残は年間約70万円、累計1610万円です（購入時のネット利回は僅か2・3％！（笑））。

　ローン返済は終わりましたので、自己資金回収中ですが、トータルでの損得は年月に埋もれ、それよりも、**毎月約7万円の安定現金収入メリット**が大きいです。なぜなら将来も続くことが予想できるため、安心して介護と子育てに**「今使える」**からです。これが1500万円の現金を毎月7万円ずつ食い崩すとすれば将来が不安でとてもできません。

このように**将来が見える毎月の安定現金収入**という個人事情最適で、売却せず賃貸し続けています。お金は保有金額よりも未来につながる安心感が使えるポイントです。こんな失敗例でも貸し続けることで有効に生かす方法もあります。

●民泊禁止管理規定変更

民泊はすっかり普及し所有物件で運営中の投資家も多いことでしょう。私のファミリー&1R混在物件で管理組合規約に民泊（Airbnb）を禁止するルールが議決されています。私の例では渋谷に持っているようなレジ1R＋ホテル混在物件なら問題はないですが、例えば、もし自宅マンションで周囲の部屋から毎日違う不特定の外人さんが多数頻繁に出入りしたとすると、かなり抵抗感があります。

若い女性の一人暮らしや、幼児や老人と同居家族の実需者が多い物件の場合は尚更なので、**民泊転用前提で区分物件に投資する場合は管理組合動向に注意が必要**です。

●ガイジンさんオーナー問題

私の区分物件の隣室に生活保護老人の問題入居者がおり、ラジオを大音量・付け放しで窓を解放して外出する癖があります。

近隣住人がクレームすると逆切れし、建物管理会社から注意しても改善無し。私の入居者は耐え切れず退去してしまったので、その専有部管理会社へオーナー・クレームするよう依頼しましたが、**家主は中国本土在住**のため応答無く、お手上げとのこと。

仮に私が民事訴訟で勝訴しても借地借家法で守られた入居者は追い出せず、オーナーが中国在住の場合、損害賠償金は法的に強制執行もできず、その部屋のガイジンさんの所有権は民法で守られます。そこで、戦国時代の城攻め正攻法のように一歩ずつ手順を踏んで、入居者・オーナー伴に一番痛い、家賃を断つ兵糧攻めが有効と考えました。

隣室とのベランダ境界ボードを喧嘩の末、その老人が逆切れして壊したので、これを根拠に「管理組合財産である共用部の器物破損・軽犯罪法違反の刑事事件」として告訴し、同時に自治体の福祉事務所へ、刑事事件犯人への生活保護を中止要請する準備があることを共用部管理会社経由で通知しました。

これにより、一応の収束を見ました。このように、**日本の法律ではガイジンさんは日本人同様、不動産オーナーになれますが、義務に反しても、発生問題を防止・解決する法制度が、これ程多くの区分マンションをガイジンさんが持つのは想定外なのでカバーしきれていません。**

都心部タワー高級マンションでの共用部やゲストルーム使用でのガイジンさんがマナー無視（違法ではない）した自己中心的振る舞いも問題となっています。新築物件ではガイジンさんへの販売戸数割合を自主制限したりしていますが、その後の中古流通は野放しなので、今後の動向に注意が必要です。

●賃料はデフレ、件数はインフレの都市部賃貸状況

従来の定説では好景気で稼働率が上がれば賃料もアップしました。しかし、最近は好立地1Rの家賃と空室率のアンバランスな動きが見られます。

前著出版後、賃貸需要は急速に回復し、シーズンオフに空室になった15㎡3点ユニット物件も早ければ内装工事以前、遅くとも1か月以内で埋まってゆき、**繁忙期と無相関に決まります。**

一方では**空室期間が短くなっても賃料デフレが続いています。**物件件数は供給インフレで増加していますが入居者は非正規（パート、アルバイト、フリーター、派遣、請負等）雇用なので**所得は増えず、**一方で初期費用ゼロゼロが増え、低賃金でも簡単に転居できるので、すぐ出ますがすぐ埋ま

るのです。今や全労働人口の**5割を越えた非正規雇用形態は人材流動が著しい**ので、**転居回数が急増する**ため、安い賃料物件から早期満室が発生していると推定されます。

●区分大家のポジションから見た客付会社様、管理会社様事情

この現象を賃貸専業会社さんの視点でみれば、売上高は物件数よりも入退去の回数で決ります。物件数と入居者の回転数は増加しているわけですから、それを取り込み回せば手数料を稼げ、業績を伸ばせます。

従来のように自社お得意大家さん物件を囲い込むだけでは拡大するパイに取り残され、同業他社にシェアを食われるため、**零細区分大家が飛び込み依頼する物件も取り込む**必要があるわけです。

この状況では、区分物件の管理変更の身軽さを生かして、定説とは逆に**一見でも賃貸専業会社さんへ直接募集を依頼する方が管理会社経由で客付業者さんへ依頼するより成約率は明らかにアップする結果が私のデータで検証**されています。

この理由は、区分物件を扱う小規模な管理会社さんは業績アップのため管理物件数を増やしますが、物件の回転率も上がるので、担当者が抱える件数と負担ともに急増して手が回りきらなくなり、その分を前述の業績を伸ばしたい客付会社さんが直接取るためと推定されます。

その時**最も重要なのは物件の商品力**です。**見ず知らずの一見大家さんがアピールする手段は物件現場が全てです。「常在現場」の精神で家賃に見合う商品価値を提供し、賃貸営業マンにまず物件を気にいって頂ける**ことです。零細区分大家としては上記の状況変化を見極めてアクションすることが大切でしょう。

■自己最適でブレ無く運営

●23年間の大家業の失敗から学んだこと

私が処女作以来、各書で状況をご報告している**失敗事例「爆弾付マンション」**は23年賃貸中で、

途中、積立修繕金が値上げされ大規模修繕が行われました。

今年でトータルでの手残家賃累積は1380万円となり物件購入価格の1000万円を上回り、昨年フルローンを完済しました。上野・浅草近くの立地は15㎡3点ユニットでも今後も賃貸は絶えないでしょう。

このように**時間を味方にできればプラスのキャッシュフローでインカムゲインを長年積上げる**ことにより、最初は**失敗と思われた物件を挽回**できることを学びました。会社の事業ではとても許されない期間ですが、**個人だからこそ、これほど気の長い無制限一本勝負**ができるわけです。長期ホールド中には様々なリスクもありますが、潤沢なキャッシュフローで利益が出ていれば、それを活用することにより殆どの問題は解決、挽回できるのも事実です。

●大家業に何を求めるか？

突き詰めれば大家業の目的が何かということに尽きます。

私の場合は子育て、母の介護、家計の源、好きな仕事で自己実現する人生と家庭生活の幸せが終着点だからこそ、前述のような手法が許容できたわけです。**規模拡大と最速、利益最大は追求せず、将来にわたっての長期安定収入を最小労力で実現することが最優先ですので、現金購入、長期賃貸が最適手法**なわけです。

その根底は、私自身の個人スキル・嗜好です。皆様の座右の書でもあるロバートキヨサキ氏のキャッシュフロークラドランドのように、お金ではB・ビジネスオーナーがベストなのは衆知ですが、誰もが人を使う経営者たるジェネラリスト・スキルに長けているとは限りません。

好きな専門分野でSとかEとして生きる方が自分に向いており、その方がお金に関係なく人生楽しいという人もいらっしゃいます。私もその一人で好きな電気工学の分野でサラリーマン＋個人技術士業として自分の能力を発揮できることに生き甲斐と楽しさを感じており、不動産事業の才能はとても自分のそれには適わないと分っています。
詰まる所、**これから不動産投資を始められる方も、ご自身に最適なスタンスを見極めて出発点とし、大家業に何を求めるか？** をスタートとされるのが成功の秘訣でしょう。

●今後はどのように展開するのか？

詳細は後述しますが、読者から「芦沢さんは物件を売らないのですか？ 一棟物件に買換えないのですか？」とよく聞かれます。一般論では今が売りのベストタイミングです。しかし、**キャッシュフローと規模を考慮すれば、これ以上の規模拡大は前述の目的には不要**ですし、買換えは安定して利益を創出し続けている工場自動生産プラントを組替えると同じリスクもあり、時間と労力も考えると本業を優先したいです。

従って今の物件群は安定ポートフォリオとしてメンテナンスを継続し、区分物件独自リスクを最悪ケース想定し、ヘッジするシステムを構築&強化する必要があると考えています。つまり、借入返済はゼロになったとはいえ、管積の毎月支出は50万円程度で、これは1億円・元利均等3%・30年返済に匹敵する強制キャッシュアウトです。

神戸、東日本、熊本の大震災クラスが、今後30年間で70%の発生確率と言われる関東大震災で物件が全滅（被害統計を調査しても、分散配置した現在の物件ポートフォリオが全滅するリスクは少ないと見ていますが）した場合、管積の支払原資を断たれます。

その対策は、勿論、保険もありますが、**物件価値と同額の別形態（例えば証券・外貨など）でのストックをバランス保有**し、有事の挽回体制を築いておくことと、**管積支出と等しい月額50万円の家賃以外のキャッシュフローを確保し、毎月の資金繰りに備える**ことです。これが実現できれば鉄壁&岩盤のポートフォリオとなります。

現状ではいずれも目標の約半分しか達成できていませんので、この完成が今後の展開と考えています。本書の読者の皆様も決してやみくもに不動産投資をすすめず、ぜひ自分なりの指針、目標を持って頑張っていただければと願います。

第2章

まず「スタンス」ありき

不動産投資はリスクを自己制御できるのが、紙系投資と比較した最大のメリットです。これを生かすには、自己最適化モデルを創ることです。それには、ご自身のスタンスを明確にするのが基本です。世に沢山いらっしゃるコンサルの先生に相談するにも、これを、まずご自身が示すのが重要です。

◆区分物件投資家のスタンス

プロのコンサルタントは、あらゆる人に対して、数ある不動産投資から最適な方法を提案します。不動産経営で成功することと、万人の事情に適切な個別コンサルタントができることは、別の能力です。

以前は、不動産売買仲介業者さんがコンサルタントも行って、業者さん側の利益優先になりがちの場合も多かったようです。

最近は、個人投資家でサラリーマンを卒業し、専業大家さんになった方が、さらにコンサルタント業を開業されていらっしゃいますので、投資家サイドの立場に立って、そのクライアントに個別最適な投資法を伝授した上、中には、ベストな物件仲介まで、面倒を見てくださる方もいらっしゃいます。

ただし、その方が成功した背景や特定の業者さんルートからの物件情報に限定されるなど、制限がかかる場合もあるでしょう。

最小の自己資金で、融資を最大限活用なさり、最速の規模拡大を狙う方、短期間に急成長し、脱サラして専業大家さんへ独立自営し、さらには、法人化による事業化で、大きく規模拡大して、メガ大家さんを目指す方も、本書は不向きなので、プロのコンサルタントへご相談されるか、別の先生方の書籍をお勧めします。

長期安定的なサラリーが期待できない非雇用形態の方は、家賃収入の再投資だけでは時間がかかりすぎるかもしれません。

融資と売買によって資金規模と時間を加速する必要があれば、本書とは別の手法が必要ですので、他の先生の書籍も是非、ご参考にされてください。

一方、すでに、**ご自身のスタンスを決めて、ターゲットを区分物件に絞っていらっしゃる方は、本書により、23年間、区分物件だけを専門で大家業をやってきたエッセンスを、効率的に皆様に疑似体験していただけると思います。**

メリット、デメリット、成功、失敗の甘辛を、読者はノーリスクで得られます。そのスタンスをまとめますと、次になります、

・サラリーマンは継続する（人的資本を生かす）
・長期安定キャッシュフローの給与を原資とする

・他の複利投資を組合せてポートフォリオを育てる
・時間と手間は本業優先
・毎月のキャッシュフローが目的
・キャッシュフローに余裕がある月は再投資、非常時は家計救済
・目的はキャッシュフロー・融資を使わないので担保価値に拘らない

区分物件が、他の不動産と最も異なる点は、積算価値≪収益還元価値という点です。これは、銀行担保にならないことを意味します。では、積算価値の無い、コンクリート空中権だけを買うのは、投資足りえないのでしょうか?

目的が担保価値であればその通りですが、家賃の手残りが目的であれば、話は変わってきます。融資を使わないなら、積算価値は関係ありません。積算価値を追いかけると、どうしても、売買相場が積算価値と等しいか、それ以下の地方の立地になります。

すると、賃貸需要が弱く、空室と家賃下落対策が必要です。地方は家賃相場が安い割に、維持費は都心と変わりませんので、運営コスト割合があがります。経年で建物の減価償却が進み、積算はどんどん落ちていきます。

積算比率の土地分が安く建物の割合が高いからです。すると売買価格も積算見合いで経

年下落します。

一方で、**現金取引の区分市場は、キャッシュフローと収益還元価値だけで市場相場が成立**しています。古くなって減価償却が進んでも、賃貸ニーズがあれば、家賃相場なりの価格で売買されています。

収益還元価値が大きいので建物の減価償却ではなく、賃貸商品としての収益を将来先々まで累積して考え、相場が形成されます。つまり、賃貸需要が良い場所ほど積算価値との開きが大きくなります。

経年老朽後も、入居者にとっては、建物の減価償却残存価値は関係なく、あくまで利便性と住みやすさが賃貸需要を決めます。

ですから古くなっても、賃貸需要が高いので（残存価値よりも）収益還元価値で高めに売れます。

以上のことから、**投資目的が担保価値ではなく、キャッシュフローなら融資を使わず現金購入すれば、積算価値は無視できます。**

ローン返済は無いので、すぐに安定したキャッシュフローが入り、賃貸需要が非常に強いので空室はほとんどありません。

図1　融資の担保と与信、バランスシートの関係

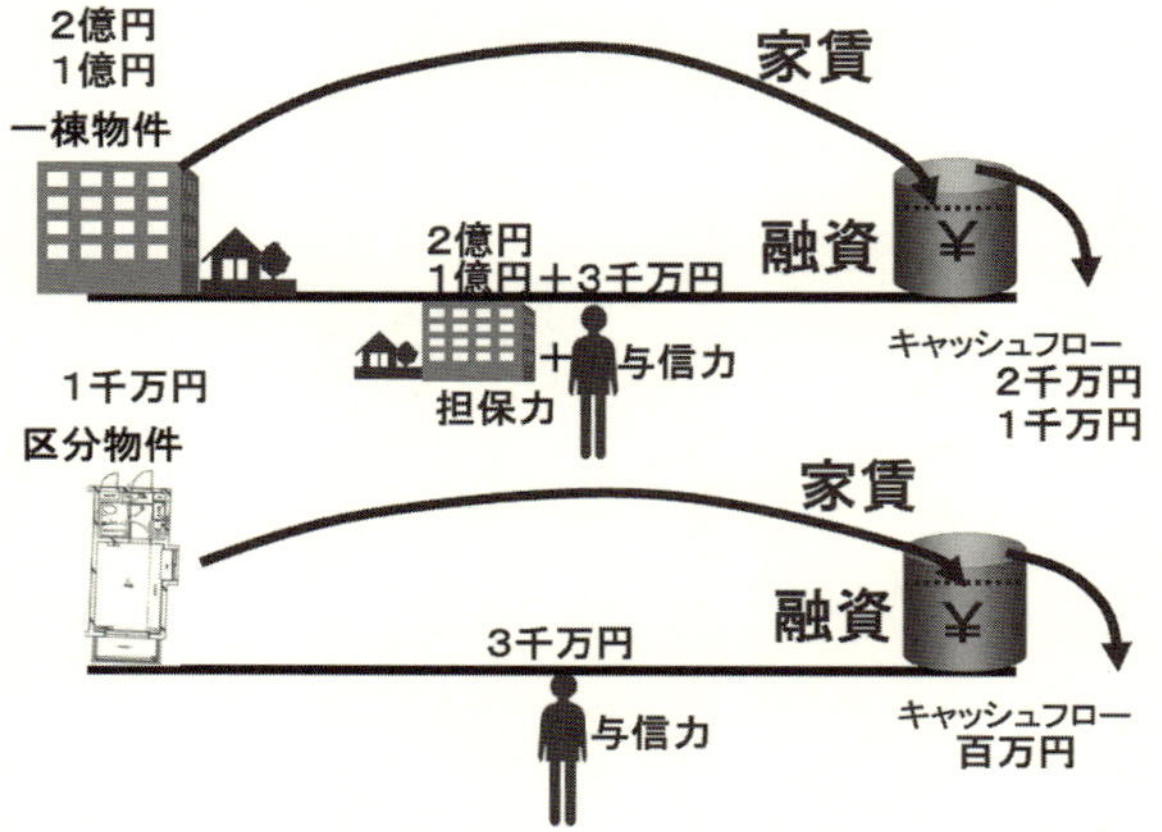

区分物件投資に融資を使うと、与信力（人）担保だけになるので支えられる（融資）金額には限界がある。

家賃以外にも給与で、毎月の定期金収入のあるサラリーマンでしたら、時間をかけて区分を現金買いし、キャッシュフローを積上げて行く方法は時間もかかりますが、融資、積算担保価値とも無縁で済みます。

サラリーマン生活は長いのですから、慌てることはありません。しかも建物寿命が木造に比べて長いので、累積収入を長期間で大きくでき、毎月の積立修繕金があるので一棟物件のように途中で大きな出資は発生せず最後も家賃相場で売却できます。

積算価値が低く、固定資産税はわずかで、（土地の持分は極わずかでほとんどを占める建物が古くなれば）相続税も微々たるものになります。

一般論としては、マイホームや不動産事業、

他の事業で積極的に銀行融資を予定している人が、積算のほとんどない区分を個人の与信で融資を引いて持ってしまうことは、与信を毀損するので原則NGです。

銀行さんの読者に対する信用評価がマイナスになり、今後、借りることができる資金量が減ってしまいます。

◆物件運営に時間と手間がかからない

一方、大家さんの物件運営面ではどうでしょうか？ **最大の特徴は専有部と建物共用部が別管理で、購入時に管理システムが付随していることです。**

そのうえ、建物は管理組合、入居者、管理会社と、複数の目で監視されますので、何か問題があれば必ず誰かがアクションします。反面、他人任せの無責任放置になります。

しかし、自分の資産や、住まいがスラム化するのを望むオーナーさんや入居者さんはいませんので、平均点に賃貸住宅として使用し得る程度には保たれます。

私の経験でも、じっと見守っていると、かなり問題があっても、紆余曲折を辿りながら時間はかかりますが、自浄作用で少しずつ良い方向へと修正されていきます。つまり大家さんとしては、共用部管理にほとんど手間と時間がかからないのです。

専有部も自社系列の投資用マンションは、基本的にずっと借上保証するのが商習慣で、このシステムでは全く手間がかかりません（木造アパートなどは、借上げ保証は築年数に制限がある場合が多く、S造でも長くて築30年までが実例でしょう）。

もう少し投資効率を上げたければ家主代行システムもあり、この間の切り替えも可能です。

勉強のため、1～2室を自主管理しても、共用部管理が無いのでほとんど手間がかかりません。大家業で、最も多いクレームは専有部内部よりも、入居者相互の人間関係（騒音やゴミ出し）、共用部のトラブルがほとんどです。これらは全て、建物管理会社が対応、処理してくれます。

私の経験では23年間、入退去時以外は全く何もしなかった部屋が半分程度（約20室）あります。

建物管理の勉強は、管理組合理事（長）をやれば経験できます。任期は1年ですから、本業が多忙なら、辞めても次期理事（長）が舵を取ってくれます。自分が一棟持っていると、辞めるわけにはいきません。

サラリーマンは、自分の頭と体を時間価値で売る商売です。不動産運営に、手間と時間が取られないのは、非常に有利です。本業へ専念でき、家賃収入より、はるかにボランティ

リティーが小さく、リスクの低い給与収入を毎月確実に得られます。

特に、若い正規社員の方は、今も根強く残存するニッポンの年功賃金制度により、理論的には、人的資本として、ご自身が将来に渡り大きな自己資本をお持ちなのです。

一方では、日本の将来の家賃は、ほぼ一般的には下落予想です。

◆割高でも時間平均され発生予想できる運営コスト

不動産、**最大の宿命は、現物資産である建物の老朽化と、それを維持するランニングコスト**です。区分物件はRC構造ですから、建物一般では、最も維持費が大きい部類に属します。しかも、管理システムが完成している反面、複数の業者さんの管理手数料が乗っかるため、維持費は一棟物件に比べ、割高であることは間違いありません。では、実際に一番不利かと言えば、必ずしも、断言できません。

専有部で見てみましょう。都市部の、賃貸需要が非常に強い場所にあるため、16㎡3点ユニットなどでも、5万円以上の家賃でも満室なので、施工面積が小さい分、維持コストがかからず、一方で家賃に占めるコスト割合が非常に低いのです。空室になっても、お家賃1～2ヶ月分程度のリフォーム費用、空室わずか1ヶ月程度で、次の賃貸を付けられます。

建物共用部は、管理組合で管理し、売り手さんや、他のオーナーさん達が新築以来、積立てくださった、修繕積立金がありますので、売買時、これを自動的に引き継げます。つまり、区分持分とは別に、現金がおまけに付いてくると考えれば良いでしょう。

一般的な売買チラシには、積立金残高の記載はありませんので、これが正確に流通価格へ反映されておらず、残高が潤沢な物件も、積立不足で借入をしている物件も家賃見合いで流通しています。この点も「歪」です。上手に探せば、潤沢な残高のある物件を割安に購入できます。

逆に、一棟RC物件の売り手さんへ、将来の修繕用に貯めた貯金を譲ってください。と、お願いしてもダメですね（笑）。極論すれば、RC一棟物件は、積立修繕金残高ゼロの区分物件を全室丸ごと購入するようなものです。

従って、区分物件の場合は、積立修繕金が防波堤となってくれ、RC物件独特の共用部設備の高額な修繕費用が、個人オーナーへいきなり、まとまって降りかかってくることが無いのです。

毎月の積立修繕金は、将来の大きな修繕費の分割前払いと考えられます。理論的には貨幣価値の割引率分、時間分不利ですが、定額が淡々と続くので、資金繰りがとてもシンプルなのです。

購入時も、運営中も、未来の資金繰りを簡単に、かなりの精度でシミュレーションでき、経理や、運転資金調達が余り得意でない、専門外分野のサラリーマンでも安心して運営できます。ですから、理詰めのシミュレーションが得意な理系の方は、その点でも、適しているのではないでしょうか？

運営コストが高いなりに、シミュレーションで、購入価格を適切に抑えれば、以後は、計算想定値が大きくブレることはありません。つまり、非常にボラティリティーが小さいので、未来を簡単に予想でき、確実な投資といえます。

私の経験でも23年程度前に購入した物件でも、改めて実験値を検証してみますと、想定外出費が無く購入時のシミュレーションと同等か、それ以上で回っています。

◆大衆相手の現金商売個人事業

私のスタンスを一言でまとめてみますと、**「個人事業・現金商売」**です。規模拡大を追及する「不動産事業経営」や、利益最大を狙う「不動産投資」ともスタンスを異にします。

町内にある、手堅い八百屋さんや、魚屋さんです。戦後からの経済発展期に、数知れぬ街の個人商店さんが、大型資本店舗に淘汰される中、大型スーパーのすぐ隣で、家族経営の「ヤオタツ」「ウオカツ」といった個人商店は、半世紀以上、毎日、近所の主婦の行列が絶えず、大繁盛で生き残っています。

この秘密は、規模拡大が目的ではなく、顧客に貢献しつつ、家族が生活できることを目的として、規模相応の安定した儲けを確保する、現金商売を手堅く続けていたからです。

現金仕入れ、現金売り、即金回収、売掛金は無く、朝仕入れて、閉店までに売り切るので、棚残も持ちません。その日限り魚河岸でしか手に入らない、個別仕入れのオンリーワン商品を現金売りしているので、大資本量販店に対抗して生き残れているのです。

区分物件での兼業個人大家として、これを手本としたいと考えています。マクロな賃貸需要は確かに存在しますが、自分の物件にお住まいいただければ良いのです。

一物件毎一部屋、小規模で、小回りが効き、情勢が変化しても、自分の手の届くテリトリーで即、対応できる。必要とあれば、部屋毎に個別最適に、売却するなり、キャッシュを投入して買い換えるなり、改修するなり、すぐにでも体質改善を図れる。個人事業と、現金商売の身軽さを最大限生かします。

第3章

東京オリンピック開催までの中古区分投資動向

アベノミクスによるニッポン史上最大規模のマネー供給によって、「円」に逃避していた世界中のバーチャルマネーが目覚めました。￥に化けて眠っていた大量の「バーチャル＄」が冬眠からさめ、マネー達は不動産市場へも雪崩れ込んできて、潮目を大きく変えています。

2020年東京オリンピック開催まで続くと言われている不動産バブル。現在の区分物件投資の実情、21年間の経験からの今後の動向予測をお話していきます。

◆様変わりする入居層

こんなマクロ背景を受けて、これも私の個人大家としての、1年間の景気感をご紹介します。大きな潮流は、雇用システムの激変で、大企業を中心とした、リストラで、今や働く人の50％が非正規雇用で、**人が生産設備のように急速に流動化しています。**しかも、その年収は、200～300万円程度です。

景気が良くなっても、悪くなっても、その変化点で、特に、若年層が大量に動くのです。従来は、「景気が悪く、リストラがあると人が動く」しかし、「賃貸需要には遅効性があり、その影響は、遅れて、緩和され、わずかに表れる」のが定説でした。

しかし、これは、少なくとも都心の独身者向け物件には、もはや通用しません。最近は、ファーストフードチェーン店が時給を1400円に上げても、アルバイトが集まらず、顧客需要は旺盛なのに、閉鎖店舗が相次いでいます。

建築現場の熟年労働者も同じような状況です。こういう歪んだ雇用社会が作られてしまったのは事実で、そのまま賃貸状況に反映されています。日銀がいくら総量緩和を続けても銀行が国債を買い、お金は企業へ内部保留されるばかりで勤労者の賃金は上がりません。

これでは物価目標も上がらず、家賃も上がらないのです。

この1年間で、**54室中、約半数が入替わりました。そのうち1／3は外人（中国、韓国、ベトナム、フィリピンなど、アジア系）、1／3が生活保護、1／3が従来型の入居者が**着きました。しかも、**入居期間の短縮化**が進み、更新無し2年間退去が増えました。従来は50ヶ月程度が平均でしたので、これも雇用体制と、募集条件（敷礼ゼロゼロ＋フリーレントなど）の影響が大きいと思われます。

◆売買

不動産相場（区分物件市場）は賃料見合い尺度では、明らかにバブル＆売り手市場です。その体験から、どんな投資家の、どんな資金が買いに入っているのか？　どんな状況なのか（基準や速度）ホットな現状をご報告します。

●満額買付けが当たり前に

懇意の取引業者さんからの、限定顧客だけへの上流物件情報へも、**当日～数日中には満額（指値なし）で買付けが入って、成約**してしまうようになりました。従って私は、丸1

年間、指値を入れても入れても、まったく成約できませんでした。

換言すれば、圧倒的な売り手市場で、明らかに「売り」だったわけです。知り合いの辣腕大家さん仲間は、もっぱら所有物件を売却して利益確定し、借金を現金に変えて、バランスシートのリバランスを計っています。

●実需買いの勢い

投資家の買いは利回り見合いですが、実需目的の価格が急騰しています。特に、誰もが住みたい都心中心部のピンポント物件です。やや広めの30㎡クラス1LDKクラスの中古区分は投資家が買う1・5倍程度の金額でも実需顧客が成約してしまいます。

●中国、香港、台湾の個人投資家の買い優勢

もう一つの顕著な特徴は、かつてない勢いで、**中国、香港、台湾の個人投資家も都心の中古区分物件を買い**に入っています。この背景には、日本の不動産仲介業者さんが、中古1Rセミナーを毎月の頻度で、香港、台湾で開催されていらっしゃることもあります。暑い熱気の雰囲気でセミナーが進行し、終了後には、持って行った物件が、マイソク情報と物件写真だけで、完売してしまう勢いだそうです。

この理由は、いくつかありますが、「日本の不動産の利回りは、これらの国から見て、魅力的である。」「東京という都市の文化価値と、治安の安定性に魅力がある」ということです。

世界では相変わらず紛争やクーデターが後を絶たず、「この間行った、あの国でなぜ!?」というほど、身近な惨事が起こっています。これらに比べ、日本は平和なのです。

それ以外にも「東京オリンピック開催に向け、値上がりの期待感もある」「現金で購入できる手頃な金額である」「その割には融資の金利が低い」「希望すれば、為替リスクの無い現地通貨の日本円で、低金利の融資も付けられること」などがあるようです。

私の買い付けが、こういった海外投資家と真っ向からぶつかり、「大丈夫か?」と思える満額買い付けで持ってゆかれます。

同時に、私が担当させていただくセミナーにも、香港、台湾、中国の参加者が会場にいらっしゃり、日本の方のように、勉強ではなく物件を本気で探しに、真剣に買いに来ています。セミナー後、当日、業者さんがお持ちの物件に買付けを入れる方も珍しくありません。

こうした背景には、日本の区分物件情報をまとめて、大陸方面の個人投資家へ流通させるシステムを構築している**海外業者さんの仕組み**が大きいと考えられます。

先日も、中国人の個人投資家さんが、相模原・橋本駅周辺を狙って区分物件を探している（リニア新幹線狙いでしょう）というお話をお聞きして、「ここまで来ているのか！」と驚きました。私も両駅周辺で区分1R物件運営していますが、購入できると思える区分1R物件は数える程しかありません。

地場で50年以上街並みの変化を熟知している私とは違い、地元の相場感や将来の潮流を、果して、海外からおわかりになって投資していらっしゃるのでしょうか。

聞くところによると驚くほど高い価格で購入されます。それを薦める業者さんもいらっしゃるということです。

もっと大きな話では、中国系のプロ業者さんが区分物件のみならず、僻地の太陽光権利付土地や別荘のある小さな島、給水源のある荒れた山林（里山）もパートナーと組んで、買いに入っておられました。

◆賃貸

次に、賃貸面ではどうでしょうか？

ニッポンの未来は人口減少、高齢化です。特徴は、人口は減少しても、世帯数、特に単身世帯数は減少せず、むしろ、高齢者単身世帯は増加し続けます。**賃貸運営面でみれば、物件数と世帯数の需給バランスが重要**です。

アベノミクスでは、産業界への当面の景気テコ入最優先です。予算配分の現状は、年間予算総額約100兆円。税収は50兆円なので、不足分を国債50兆円の借金で賄っています。

アメリカは赤字国債の上限を規制する法律があるため、予算が組めず公務員の賃金が支払えなくなりました。その結果、大規模な公共機関ストが起こり、自由の女神が見られなくなるということがありました。

ニッポンにはこの法律はありませんので、どんどん赤字国債を発行しています。社会福祉年間支出でみると、国庫から、医療約25兆円、福祉約25兆円、別に年金から50兆円の合計100兆円を高齢者のために毎年支出し続けています。

一方、子育て支援などに対する支出はわずか1兆円です。人口対策の社会問題への抜本対策予算が具体的に示されていないので、今後もこの傾向は続くと思われます。高倍率の保育園をあえて落選し、育休延長する苦肉の策が流行する程です。日本の人口減は、誰もがわかる確定した未来ということです。その中で右肩上がりの市場のキーワードは「単身世帯」「高齢者」です。

図2　首都圏中古マンション平米単価の推移

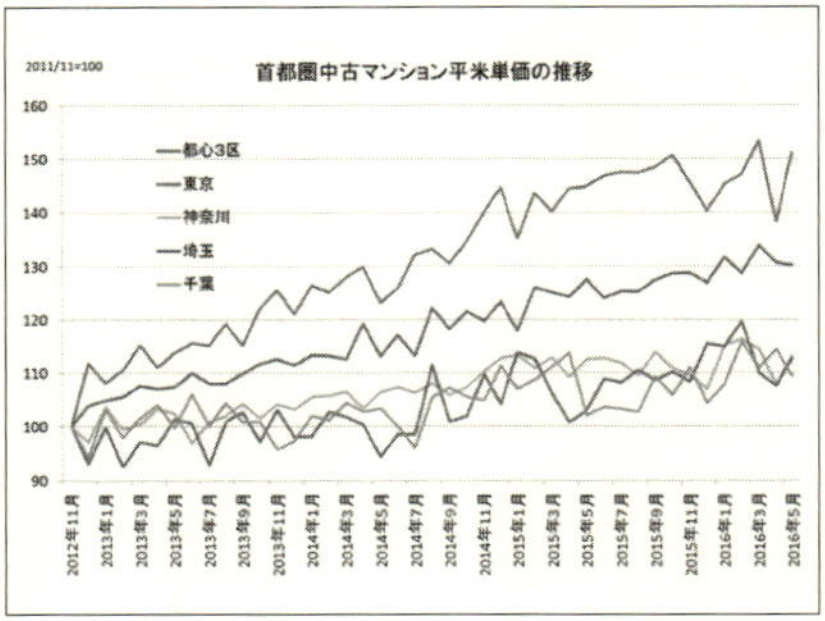

都心３区の区分マンションが群を抜いて高騰している

図3　不動産価格指数（住宅／南関東）

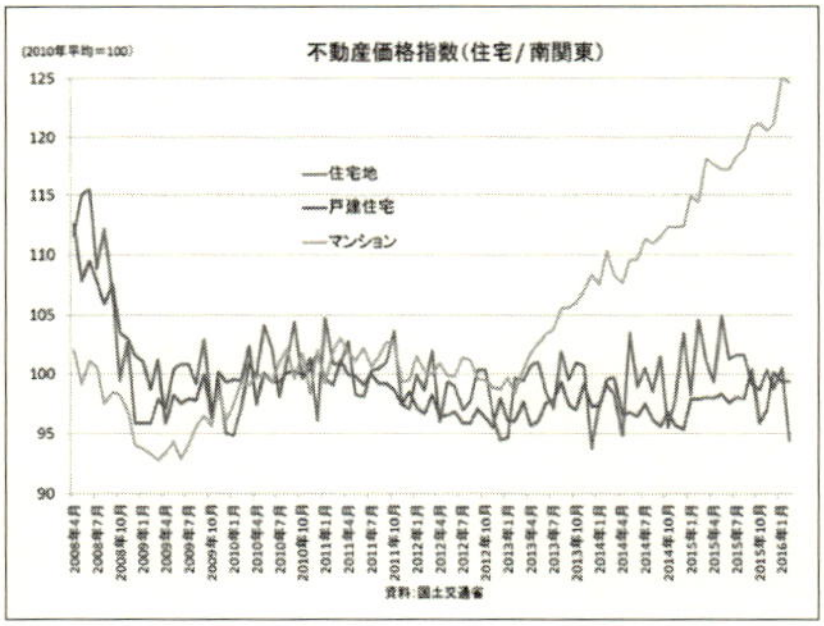

土地一棟物件よりも区分マンションの高騰が顕著

図4　関東1都3県の65歳以上単身世帯数将来動向

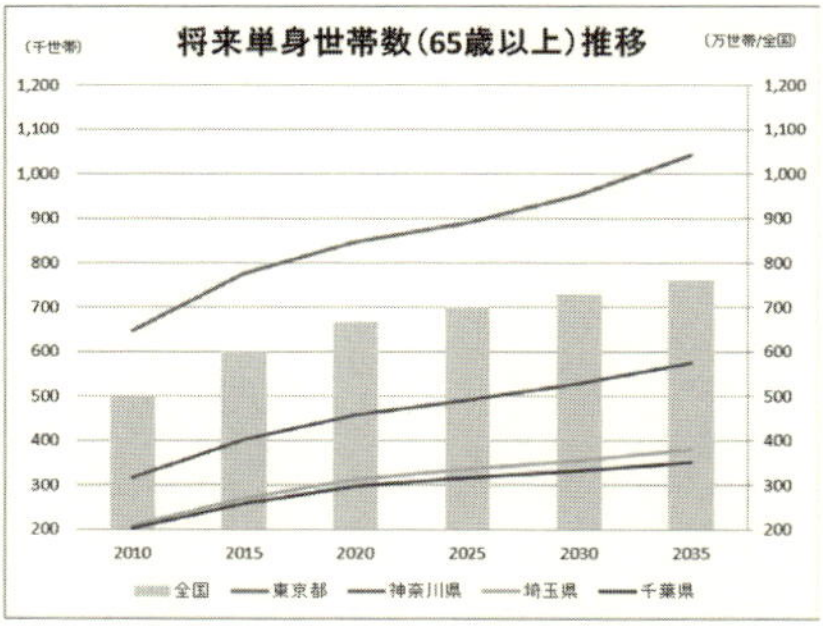

出所：国立社会保障人口問題研究所資料より

65歳以上の単身世帯は2035年迄急増する。特に東京は現在の1.4倍程度に急増

◆都心郊外の地方化

国土交通相は小さな集落を無理矢理維持するのでなく、思い切って集約する「コンパクトシティ（集約都市）」国土ビジョンを作ると表明しています。これは国土政策の大転換になる可能性があります。

この潮流は、地方では深刻ですが、都心近郊でも実感できます。それは、**都心周辺部のまだら地方化**です。東京といえども、周辺部は賃貸需要が厳しく、地方化が進み、賃貸需要が強い場所は、まだら模様に、特定の狭く限られた一点に凝縮しつつあるのです。

バブルのころ急速に宅地化した青梅線の羽村や河辺は紛れも無く東京都ですが、大企業の工場が閉鎖し賃貸需要で見れば地方です。それ以外の東京都周辺でも、本当に1駅違うだけで、全然違うといった感覚です。

私のテリトリーでいえば、本家のある神奈川県秦野市は、明らかに地方になり、アパート経営の立地が、戸建賃貸エリアに変わりつつあります。生まれ育った県央地区の中心都市だった本厚木駅周辺は、急速に海老名駅へ吸い取られています。

これは、江戸時代から相模川の水上交通宿場町で栄えた厚木でしたが、平成の農地税制改正で、（平塚方面まで、見渡す限りの）田圃が急速に宅地化されはじめ、農地法で守られ、駅前が田圃だけだった海老名に開発余地が生まれたためです。

本来、小田急線、相鉄線、相模線と3路線が集まる海老名駅が発展しないのが、近代社会として異常だったのです。しかし、農地税制という防波堤がそれを防ぎ、歪を作っていたわけです。その堰が取り払われ、一気に歪が開放された結果です。圏央道のインターも相模川をはさんで海老名側に新設されました。

現在住んでいる八王子市も、立川市へ急速に中心が移りました。甲州街道沿いの個人商店街が高齢化で跡継ぎがなく閉店し、商店街がコインパーキング、ストレージスペースとマンション街に急変しました。駅ビルも丸ごと一時閉鎖してしまいました。

50万人都市のターミナル駅ビルが全棟丸々長期間の空室でシャッターが下続けていました。投資先として、コインパーキング&ランドリー、ストレージスペースが増えても店舗が減るばかりで不便になっています。また、ネット通販の急拡大もそれを加速しています。インターネットサイトなどで、ファミリー賃貸のアンケートの人気エリアに八王子がランクインされているのは家賃が安すぎて、お得だからです。

タイのチェンマイよりも居住費は割安かもしれません。貸す立場では、過剰な1Rや3

DK以上は避け、不足している1LDK、2DK物件などでの勝負が必要でしょう。

一方、お隣の立川は米軍基地返還の歴史があり、駅周辺再開発が進み、駅ビルホテルも新設され、乗降客数は吉祥寺を抜いて、新宿に次ぐ、中央線第2位に上昇しました。通勤で朝夕通りますが、思うように歩けない程の混雑です。

神奈川県では、最も東京に隣接している川崎市も、市全体では、人口が減少傾向で、多摩方面などは、前書で紹介したとおり、区分ワンルーム物件にもかかわらず、一棟アパートのノウハウ手法で賃貸付けを行う必要が出てきました。それに反して幸区はホットスポットです。

2035年まで人口増加が続く、日本でも珍しい特異の統計予想です。私の勤務先がありますが、ここ数年、幸区の川崎駅周辺は大開発で急変し、街並みが一新生れ変りました。こうなることは10年以上前からわかっていました。東京都心3区より人口増加が将来に渡り継続する、日本有数のホットスポットで、都心3区に迫ります。

このように、まだら模様のホットスポット以外のエリアの家賃下落が急激に進んでいます。感覚的にいえば、1Rで5万円の家賃で更新いただいていた入居者が退去すると、管理会社さんに任せる方法では、3万円台で敷礼ゼロゼロ、広告料+フリーレントを付けないと、成約できない。といった感じです。

図5　川崎市と川崎区、幸区の将来人口動向

自治体		総人口（人）							指数	
		2010年	2015年	2020年	2025年	2030年	2035年	2040年	2025年	2040年
14130	川崎市	1,425,512	1,468,329	1,492,321	1,502,615	1,502,960	1,493,964	1,475,587	105.4	103.5
14131	川崎区	217,328	220,671	223,930	223,971	222,837	220,626	217,232	103.1	100.0
14132	幸区	154,212	157,020	159,816	162,037	163,364	163,977	163,854	105.1	106.3

同時に、**仲介業者さんでは、売買、賃貸ともに、中国、韓国系スタッフの方が激増**し、特に外人さんの賃貸付けでは、絶大な威力を発揮して、大変お世話になっています。

◆住みたい街のスポット化

前述の潮流は、エリア単位での面的俯瞰ですが、実際の賃貸運営では、**自分の物件ピンポイントでのスポット分析が非常に重要**です。ニッポンで誰でも知っている事例では、**賃貸人気Ｎｏ・１区市町村は武蔵野市**です。

「ええっ！　なんで武蔵野市？　都心3区じゃないの!?」とお感じかもしれませんが、実は、吉祥寺が武蔵野市にあるからなのです。賃借人のお客様が本当に住みたいのは**「吉祥寺」というスポット**なのです。

同様に、大田区は女性に人気のエリアに常時ランクインされます。地方の方が東海道線や京浜急行線に乗って、湾岸地区の下町工場群の景色を初めてご覧になると、「なぜ!?」と疑問にお感じになるでしょう。女

性が住みたいのは、大田区の臨海工場エリアではなく、田園調布であり、大岡山という特定スポットなのです。

◆大家に大切なスポット局地戦略

例えば、ここ10数年で大発展を遂げた、前述の海老名市ですが、現状では、開発し尽くされましたので、人口統計からは、２０２０年がピークです。

以降は人口減少に転じることも重要です。さらに、地盤は弥生時代からの湿地帯です。

こういった要素を考慮した個別物件戦略が必要と思われます。

中央線第2位に浮上した立川市でも、単身用区分賃貸という意味では、柴崎町2丁目、3丁目、錦町1丁目、曙町2丁目のごく限られた一部がペイできるスポットと見ています。

それは都心から遠いため、入居率がいくら良くても、家賃が安いからです。

私のメガネで、個人区分物件大家さんが、投資できるのは、ほんの数物件程度しか無いので、常に、その売物件をウォッチしています。こういった細かい点は海外投資家にはわかりません。

最近、中国の個人投資家がリニア新幹線期待に橋本の１Rに投資なさっていると聞きましたが、私のメガネでは橋本で投資できる区分分譲1R物件はスポットよりさらに狭い特定物件単位に絞られる数しかありません。

一方で、前述の八王子で、投資できる1R区分分譲物件がないかといえば、皆無ではなく、私なりの判断では、2物件程度はありますが、中古市場に中々出てこないのが実態です（区分物件ならも何でも良ければ沢山流通しています）。

先の大田区も、行政区単位の人口統計はありますが、大岡山スポットの将来統計などは、分析も公表もされていませんので、そこに個人大家さんの現地研究の余地があるわけです。

大家さんの場合、一般の商売と違い、自分の物件にお客様が入居すればOKですので、そのスポットの市場動向調査と、個別対策が大きな意味を持ちます。あくまでご自身の物件戦略で分析し、一般統計は参考程度として、これに惑わされないということも大切だと思います。アベノミクス以降、東京オリンピックへ向けて、こういった傾向は、益々加速するのではないでしょうか？

以上、何ともローカルな例えばかりで、申し訳ございませんでした。あくまで、私が熟知しているスポットをほんの一例とさせていただいただけです。一つの、事例として見ていただき、考え方を応用して、読者のテリトリーに置き換えて検討していただければ良いと思います。

申し上げたかったのは、**決して、東京都心だけに投資エリアが限られているわけではないということです。**

読者の皆様は、ご自身なりに良くお分りのエリアをお持ちだと思います。逆にいえば、これまでのお話を読者が全く実感できなければ、少なくとも、読者と私がこのエリアで競合すれば、私が勝てるわけです。

つまり、読者はこういった、**ご自身のテリトリーをお築きになればよい**のです。**物件を現場で五感を働かせて、長年かけて数多く調査していると、第六感で、その物件の将来がどうなるかも、感じ取れるようになってきます。前述のように、投資の勝因は「未来が予測できること」**です。

ご自身のお得意スポットなら、きっと、未来をイメージできると思います。そこで、読者なりの視点と戦略で賃貸運営を行えば、必ずや成功できると思います。それが、土地勘があれば有利と言われる、真の意味だと思います。

前述の東アジア各国の投資家達は、北京オリンピックの際の資産高騰を経験済みですから、柳の下の2匹目の鰌を狙っているのでしょう（事実、私も北京オリンピックでは中国株急騰の恩恵を受けました）。だとすれば、2020年より前のタイミングで、不動産も、ピークアウトが来るでしょう。

私自身は、バブルピークに初めて不動産を購入して、大失敗して以来、売買相場とは関係なく、人脈による非公開上流情報だけの物件を、現金買いしてきました。

この方法は、不動産相場とはほとんど関係なく、それを余り感じすらしません。ですから、アベノミクスも、オリンピックも、マイペースで、じっくり構えて、良い物件を探し、着実に賃貸していくことを続けるつもりです。

確かに、今出た物件を買えなかったり、大きな利益確定の機会損失はあるでしょう。しかし、慌てて買い増す必然性が無く、自己最適で目的達成が計れれば、それがベストです。

◆アベノミクス真っ最中の事例

それでは、この1~2年間、アベノミクスでの私の事例をご紹介します。これが決してベストではなく、あくまで事例です。

●賃貸

約1年間で半分入替わり、新規入居者の1／3は生活保護、1／3は外国人、1／3が従来層だったのは前述のとおりです。

54室満室ですが、特徴的だったのは、一般論のハイシーズンがあまり関係なく、賃貸が付いたことです。8月の真夏でも、駅徒歩20分の物件がわずか2週間で付いたものもあります。東横線沿線だったこともありますが、前述のような雇用形態の急変に起因しているものと思います。

もうひとつは、入居期間の短期化です。わずか1年で退去した物件もありました。しかし、前述のホットスポット内の物件は、まず1ヶ月以内には確実に成約してゆきました。その間取りは、全て築後20年以上経過した15㎡程度のバストイレ一体型です。同時募集したホットスポット外のバストイレ別の築20年以内の物件よりも、先に成約してゆきました。やはり、こういったスポットの入居者は、安さと利便性を求めているのです。

一方、こんな間取りでも、家賃帯は5~6万円台で、ほとんどの内装費用は10万円前後でしたので、2ヶ月分程度の家賃で回収できます。ホットスポットでのバストイレ一体型1R区分の家賃の高さと、維持費の安さ、賃貸需要の強さを実感しました。

これらは、新規の競合物件がこれ以上増えようが無いことによる寡占（かせん）状態によるものと思われます。即ち、同程度の家賃の競合物件は**ワンルーム規制条例で新築でき**

ず、既存中古物件に限定されてしまうのです。これも制度による市場の歪です。特に、駅近は開発され尽くし、もう土地がありません。

オリンピックへ向け、外人の受け入れが積極化されています。その多くは、仕事が集中し、便利な都心部へ住むでしょう。

しかし10万円近い家賃を払える層ではなく、5~6万円が払える上限で、日本で頑張って働き、豊かになりたいという人々です。今後、人口が増えると予想される客層ニーズに、立地と価格がマッチすると思われます。

●売買実例　~川崎と吉祥寺物件より~

それでは、アベノミクス最中に、私が購入した事例をご紹介します。明らかに売り時、市場騰中の今、購入した理由ですが、基本目的である月のキャッシュフローを増やすためです。今までも、家計支出が増える度に、物件を追加して、そのキャッシュフローで補ってきました。つまり、家計消費が増える時は、直接それに支出せず、キャッシュフローを生む仕組みを買い、そこから支払うようにしてきたのです。

長男が大学受験の時は、塾費用、学費など、毎月必ず発生する出費が確実に増えました。介護中は療養費も益々嵩み、住宅購入を終えている私の一生で、この数年間が、支出のピークでした。

あたかも相撲の小兵力士のように、**家計のキャッシュアウトが1つ増える毎に、収益区分1Rを1室ずつ追っ付けてきた**のです。

この時に備えて、今の体制を23年掛けて築いて来ましたので、このままで家計支出が増えても、物件を買い増すペースが落ちるだけで、家計は十分プラスで回り、退職も可能です。しかし、自分を取り巻く環境から、敢て今、追加購入を選択しました。

大家さん的理由を上げれば、**将来の家賃下落リスクに備えるためもあります。1室当たりの家賃を下げても、物件数トータルで同額のキャッシュフローをカバー**できます。


【ケース1・川崎】

ここ数年、半年毎に職場が変わり、川崎駅近くに勤務する様になりました。35年前の社会人スタートが、住まい（独身寮）＆職場ともに、この地でしたので、街並みは熟知しています。

転勤自体が、まさに物件を買うよう巡って来たラッキーチャンスでした。前述のように幸区の将来を見れば、物件を買い増さない手はありません。それを裏付けるように、ここにすでに持っている物件は、前回空室時は家賃6万円、1週間程度で埋まっています。

今回は転勤直後に、職場のすぐ近所に物件が出たと、懇意の業者さんから連絡をいただきました。川崎駅前は、中央通りを挟んで西側と東側では、異なる特徴（クセというか、デメリット）があります。今回は東側ですので有利な点は、ＪＲ川崎駅７分で、駅と物件の間に、さらに京浜急行本線川崎駅があります。

これより駅近側にはいわゆるレジデンス系物件はなく、人は住めないのです。最も駅に近いレジデンス系物件といえます。ちなみに１階は店舗です。シミュレーションとネット調査で、購入を決め、担当者へ電話しますが休暇でつかまりません。

空室だったので、会社の帰りに内見し、物件内部の瑕疵箇所もチェックしました。敢えて空室でも買ったのは、何もしなくても募集すれば、この物件の立地とグレードなら、すぐに賃貸を付けられることは前述の通り、実証済みだからです。

平成元年築とやや古めですが、この立地なら仕方ありません。すぐ向かいの物件は10数年前に、わずかな指値差で、セミナーにご参加の大家さん仲間に買い負けた（笑）物件です。

ですから、タイムマシンのように時間軸をスライドすると、今回の物件の10年後、20年後をイメージできるのです。19㎡１Ｋで複数の買いが競合し、他を止めていただき（この詳細は後述します）、指値交渉の結果４２０万円で購入（アベノミクスの今、指値無しが普通です）。

6万円で募集を掛けると、決済までの間で30歳台独身男性にお住まいいただけました。ちなみに、同じ町内のほぼ同じグレードの他物件は、アベノミクスの今、800万円で売りにでています。

今後、何かあれば、会社の帰りに、すぐ立ち寄り、リスク制御でき、しかも将来にわたる賃貸需要の底堅さは、**今、皆が欲しがる東京都心部で、この築年と利回りでは、普通の区分物件では、到底無理です。私の土俵、川崎だったからこそ**、今、買うべきだと即断行動しました。

【ケース2・吉祥寺】

同様に、将来の賃貸需要を買う意味で、懇意にしている業者さんから吉祥寺の物件が出た際は、情報をいただくと、すぐに連絡を入れました。6・5万円で賃貸中でしたので、担当者と売り手さんの感触と、他の買い手さんとのバランスを相談し、610万円でお願いしました。

前書でもご案内のとおり、すでに所有の吉祥寺駅、徒歩30分の区分物件は、過去2回、空室募集の際は、いずれも**リフォーム前から1ヶ月以内に賃貸が付いています。**今回出た物件は、徒歩15分程度で、義父の菩提寺のすぐ近所です。

まず、買付証明を入れ、物件を押さえていただいてから、重要事項説明関係の資料を仲介業者さんが入手で次第、逐一、送っていただきました。このように、良い物件は、情報が入ったら、すぐ意思決定しないと、資料をそろえてからでは、確実に、他の買い手さんに持ってゆかれてしまいます。物件名から、ディベロッパーのシリーズ商品で、おおよそのグレードはわかります。過去に類似シリーズをいくつも見ていれば、その物件の将来は見えるものです。

ただし、この物件の建築図面と、閉鎖謄本を取り寄せてわかったことは、シリーズの業者さんが開発したのではなく、誰かが一棟物件として開発したものを、某社さんが丸ごと買い取り、それをシリーズ名称で区分分譲した経緯があることがわかりました。

ちなみに、私の購入した区分専有部は、当初は自転車置き場でした。それを途中で、居室に改造した経緯があることもわかりました。

この点も、中古の区分分譲ですので、すでにお住まいの方がいらして、前のオーナーさん、管理会社さんと、複数の方が長年運営して、問題は出ていない実績があります。

例えば、自転車置き場を突貫工事して、スラブが手抜きで音や水が漏れことはないと判断しました。

これが、個人大家さんが一人で自主管理している一棟物件の場合は、自己流に手抜き工事で改造して、問題を伏せて売却されると、その部屋にお住まいの方に聞く以外は確認のしようが無いわけです。この点も、区分は、即決即断がしやすいといえます。

●海外からの買付トライアル

最近は、海外不動産投資がブームで、日本から海外物件を購入したり、海外に住んで、日本国内の物件を運営したりと、皆様ダイナミックにご活躍していらっしゃいます。

私の勤務先近くの川崎の物件購入は、色々な意味の実験をしました。丁度、情報が入り、買付証明を入れた直後、ハワイへ行くことになりました。会社のすぐ近所でしたので、就業後、夜間内見し、その足で、羽田からフライトし、買付交渉は、ハワイから行うことになりました。

今回は、物件内見と、買付証明までを済ませて、渡航しましたので、約半日、空白のフライト時間を置いて、時差があるため、メールで担当者とやり取りを再開しました。しかし、中々返事が返ってきません。国内でしたら、すぐに電話を入れるのですが、お互い、時差の行き違いで、昼夜逆転状態のため、捕まりません。

通常は、電話での会話内容を確認するため、メールで念押し、或いは、口では説明しきれない、視覚にインプットした方が、早くて正確にわかってもらえる内容をメールで送付し、それを見てもらいながら、電話でお話しします。

しかし、時差のある海外からですと、これが中々思うに任せません。この当たりがネットワンクリックで売買できる証券投資とは勝手が違うところです。

今回、国内で買付を入れる際に相談した価格は390万円でした。しかし、帰国してから担当者とじっくりお話できた状況によると、この物件は社内の別部門の担当者扱いで、私が買付を入れた後、部門間の取り合いになってしまったそうです。最終的に、部門長同士で調整が付かず、社長へ上げて、日頃、懇意の私へ仲介するようトップダウン指示で決着したそうです。

これがもし、買付と同時に、担当者と電話でお話できていれば、メールでは知りえないような、上記の内情も、根掘葉堀、引き出して、拗れない早期の段階で、お互いに相談しながら即時成約へ持ち込めたと思います。

結局、390万円を420万円に上げて、契約させていただきました。2014年4月の加熱相場のときでしたので、3~4ヶ月分家賃の指値アップでも、それが通る事自体が、将来の賃貸需要期待値を考えれば、大きなチャンスと判断しました。特に、今は、物件の足も、異常に速くなってきます。業者さんによっては、メールで限定顧客だけに上流物件情報を紹介していますが、業者さんからダイレクトに入るメールと、mag2などのメルマガシステムでは、到達時間差が1日以上開く場合があります。すると、ダイレクトにメールを先に受け取った人が、まず、電話で物件を押さえてしまう。ということもあります。

以上のように、上流物件は特に人に付いて回っていますので、**時差と距離が離れている海外から買付に勝つのは、簡単ではない**ことを体験しました。

●買えなかった事例

立川の発展は20年以上前からわかっていましたので、私が不動産投資をはじめて早々から、出る物件で投資対象対足り得ると判断したものには、繰り返し、指値を入れてきました。しかし、東京都心部の物件と異なり、自分なりのモノサシに合う条件でしか、投資はペイしないと判断していましたので、そう簡単に指値が通りません。今回は、**希望売価590万円**で、ある業者さんからご紹介いただいた、任売物件でした。ご存知のとおり、立川の1R3点ユニット物件といえば、どんなに頑張っても5万円台のお家賃が精一杯です。今後の家賃下落などを考慮すると、とてもこの価格では投資できません。

そこで、380万円プラスαという条件で、指値をお願いして、ある程度の交渉余地は、その業者さんへ委ねました。その業者さんは、物上げや、任売物件はプロ中のプロのお得意さんですので、社長さん自らが交渉に当たってくださり、ギリギリのネゴシエーションで粘ってくださいました。しかし、**数日後、430万円で買取業者さんが、トンビのように物件を、あっという間にさらって行って**しまったのです。社長さんは、いかにも、申し訳なさそうに、ご連絡をくださいました。

それから約1ヶ月後、一般媒介物件として、某買取業者さんから、全く同じ物件が、**650万円で再販**されていました！

おそらく、この値付けは100万円程度の指値が入っても利益確定できることを想定して出しているのでしょう。これが、**実態**です。なんとなく、30年前のバブル真っ最中の頃を思い出してしまいました。当時は、丁度、都心部のワンルーム物件が、これにゼロ一つ加えた、もう一桁上の価格で同じような活劇が繰り広げられていました。投資用ワンルームでもオーバーローンが通りましたので、個人投資家が自己資金ゼロで、このように家賃や積算価値は全く関係なく売買を繰り広げていました。

一方、今の価格帯のワンルームでしたら手軽に現金買いできます。アベノミクスの証券や為替の高騰で、個人投資家でも億オーダーの利益を上げた方が沢山いらっしゃいます。

アベノミクス関係で経済誌の取材を何誌か受けましたが、プロの記者さま方は、実際に投資家にお会いして、ご本人から綿密なご取材をなさっていらっしゃいますので、辣腕投資家には凄い方がいらっしゃることを逆に私が教えていただきました。

そういった資金が大量に流れ込んで来ています。そんな買い手の皆さまでしたら、まず、物件を手にすることが重要で、わずか数十万円の指値など問題外なのです。

第4章

失敗から学んだ、正しい区分物件の価値基準

不動産の価値は、積算と収益還元があることは衆知の通りです。積算は融資の担保力と、税金に、収益還元はインカムゲイン利回に使われてきました。

ここでは、新たな尺度として、これらを物件運営の未来予想に活用してみます。将来の家賃動向、長年の維持負担の重さなどを予想する活用方法を研究してみましょう。

私も失敗と実績を重ねながらこの判断基準を検証して来ました。

◆区分物件・本質価値の特徴

何の投資でも、成功の秘訣は、その対象を、本来の価値以下の価格で買うことです。株式投資のバリュー投資に比べ、不動産の場合は

・価値算出根拠となる、路線価&賃料とも、誰でもすぐわかる確定情報で、値動きが非常に遅く、ボラティリティーも安定。

・そのため、物件の本来価値を誰(素人)でも簡単に(概算レベルで)機械的に計算できる。(企業の財務諸表を読み解き現在価値を出すより、不動産の積算計算、収益還元計算は単純で誰がやっても概略同じ結果になります)

・相対取引が商習慣ゆえ、市場が効率的ではないので、「価値vs価格」間の歪を最大限活用できる。(不動産売買は、インサイダー取引が商習慣なので、価格が大きく歪んでいても当事者以外、誰も埋められない)

つまり、「価値>価格」という状態の物件を、いとも簡単に、しかも株式投資に比べて、非常にゆっくりしたスピードでも購入できるのです。

特に、区分物件は、ディベロッパーにより、居住需要をリサーチした上で、規格品（○○マンションシリーズなど）を土地仕込みから完成まで、工業製品のように、同じ方法で繰り返し大量生産されています。

しかも、生産・完成後も共同所有、共同住宅なので、多くの目で監視されているため、いわば、良くも悪くも、品質レベルが揃っているのです。

一方、個人が個別に建てた場合、例えば、相続減税を目的に賃貸需要を無視してアパートを建てたり、身内の実需目的で、地境の無い共有名義の土地に複数の戸建を建てた後、事情で土地を分筆したため、接道しない物件になってしまったなどがあります。

そのような個別物件に比べて、計算した理論価値と、実際の市場価格ともに、ボラティリティーが非常に小さく、初心者でも計算から、大きく外れることが少ないのです。

そういった、品質にバラツキが少ない、平凡な物件が、賃貸需要の旺盛な都市部に数限り無く出回っていますので、目利きでなくても、簡単に「価値>価格」の歪を手にできます。

◆積算価値

積算価値とは国が固定資産税を決めるための基礎で、銀行が融資を検討する基準にもなります。後述するように、区分物件では、「積算価値＜価格」のため、原則、銀行担保にはなりませんので、区分の積算価値には意味がないようにも見えます。

しかし、投資価値のベースを知る上で、必須の数値です。いわば、株価の理論価値をその企業の有価証券報告書のバランスシートから計算するようなものです。

それでは具体例で見てみましょう。

●土地持分価値

区分物件の土地持分価値は、正確には役所で評価証明を取得する必要があります。しかし、普通のサラリーマンが、物件情報が出る度に役所へ行っている時間も手間も無いでしょう。そこで、どなたでも簡易的に概算を速算できる方法をご紹介します。

個別物件で、最低限、次の詳細情報があれば、各区分専有部の土地持分概算を計算できます。

・路線価　30万円／㎡（インターネットで検索可）
・総戸数　50室
・階数　5階建
・各戸面積　15㎡
・築後20年

区分物件の流通情報には、なぜか全体土地面積と、建物全体の建築面積を明記する商習慣がありません。

一棟物件では、当たり前の必須情報です。中古戸建て等でも間取図だけを記載して、価値の殆どを占める最も重要な土地図が無いのも同様です。この一番大切な情報を出さない商習慣も投資歪を生かせるチャンスです。

これらの情報から、土地総面積を逆推定して、持分を試算してみましょう。

専有部の総数戸を階数で割って、1フロア当たりの部屋数を出します。それに1フロア当たりの部屋数を掛けて、共用部の面積を加えれば、建物が立っている面積が出せます。建築面積が推定できれば、それに建蔽率を掛ければ、全体土地面積を推定できます。それを総戸数で割れば、持分面積となりますから、路線価を掛けて、持分価値が出ます。
では、実際に計算してみましょう。

・1フロア当たりの部屋数 50室÷5階＝10室
・1フロア合計専有部面積 10室×15㎡＝150㎡
・1フロア合計共用部面積（共用部の割合を30％と仮定）150㎡×（30÷70）＝64㎡
・建築面積 150＋64＝214㎡
・土地面積（建蔽率を60％と仮定）214㎡÷60％＝357㎡
・1専有部土地持分 357㎡÷50室＝7.14㎡
・**土地持分価値 7.14㎡×30万円＝214万円**

●建物持分価値

日本の法律では、SRC（鉄骨鉄筋コンクリート）、RC（鉄筋コンクリート）建物は、築後47年でゼロ円に減価償却されるルールです。

戦後復興のため、新築を奨励し、一律簡単に担保価値が出せ、融資しやすくして、その資金を業界に還流させ、社会を発展させたい事情などがあったのでしょう。

ちなみに欧米は売買で築年数がリセットされるルールなので、築古だけでは価値が下がらない市場が確立されています。

ある意味、ニッポンのこの制度が大きな投資歪を生んでおり、ローンを使わないなら築古でも状態の良い建物を見抜ければ、割安に買えます。

さらに、最近の海外不動産投資ブームでは、欧米の不動産を買って、日本の減価償却ルールで納税し、最後は欧米の減価償却ルールの現地価格で売却して、国内外のルール裁定を取る方法が流行しています。

それはともかくとして、建物の持ち分価値を計算してみます。

・新築時の建物価値を60万円／坪と仮定します。

これは概算の仮定ですが、詳細は、国税庁のWebの年度ごとの価格が掲載されています。

・新築時建物持分価格 60万円÷3・3㎡×15㎡＝272万円

・**現在建物持分価値 272万円×（47年−20年）÷47年）＝156万円**

・**専有部持分（建物専有部＋土地持分）＝156＋214＝370万円**

これが、区分物件専有部の持分積算価値です。後述するように、区分物件は、非常に賃貸需要の良い立地にある場合がほとんどのため、積算価値に対して、割高な家賃で賃貸されています。

これらの計算から、積算価値と流通価格には、大きな乖離があることがわかります。

◆収益還元価値と積算価値の乖離度

一般的な不動産投資では、収益還元価値と積算価値が可能な限り近い物件が好まれます。担保価値が大きいので、多額のローンを引け、買い易いからです。しかし、融資額で買える物件が、利益が出やすいとは限りません。逆に、この乖離度が大きい程、メリットが出る場合もあります。それが区分物件の現金投資です。ここでは、その分析方法を研究してみましょう。

●賃貸需要の評価尺度

上記の積算価値と、収益還元価値の乖離が大きいほど、賃貸需要が高くなります。

乖離度＝収益還元価値÷積算価値

乖離度＜1　賃貸付に努力要
乖離度≒1　通常の方法で3ヶ月以内に成約
乖離度＞2　何もしないで、1ヶ月以内で成約

といった感覚でしょうか？　例えば、都心部3点ユニット1Rでは次程度の数値が一般事例です。

家賃6万円、積算価値300万円、収益還元価値500万円で、乖離度≒1・7この程度ですと、自分で募集営業をしたり、室内装飾へ労力をかけずとも、管理業者さんへ任せて募集するだけで、1ヶ月以内には埋まります。

●将来出口価格のIRR（内部収益率）時間推移

続いては将来の出口価格についてです。大家さんは、お家賃をいただく商いですから、物件を短期売買して利益を上げる方法は、大工さんが商売道具のカンナや鋸を転売して儲けるようなもので、「ちょっとスタンスが違うんじゃないの？」とい違和感を覚える方もいらっしゃるかと思います。

かといって、商売である以上、いつでも売却を想定した価値を、常に考えて賃貸運営す

ることは必須です。

単純に次の法則が成立します。

出口価格∝（収益還元価値÷積算価値）

つまり、収益還元価値が積算価値よりも2倍以上も大きい場合、将来の売値は家賃見合いでほぼ決まり、建物の築年減価償却価値とは、あまり関係なくなります。

新宿や渋谷の築40年を越えた区分1Rが良い例です。例えば、ニューステートメナーや赤坂レジデンシャルホテルは家賃7～8万円程度で、流通価格800～1000万円です。

この事実は、積算価値に無関係な、現金買い投資家による独自の市場の存在を示しています。

●家賃と積算価値による利回り

積算価値の高い物件は、ファイナンスには武器となりますが、所有後の維持費もそれに比例して高くなる、諸刃の剣です。そこで、一般的な投資判断に使われる、購入価格に対する利回りの他に、積算価値に対する利回りという新しい尺度を分析してみましょう。

☆芦沢式　固定資産税、相続税負担尺度

不動産物件の利回りは、通常「1年分の家賃÷物件価格」といわれています。

では次に、利回りを積算価値で分析してみましょう。すると、積算価値がほとんど無い区分物件は、非常に高利回りになります。私はこの視点を重視しています。

たとえば、前述の事例の物件は、家賃6万円で積算価値370万円（建物156万円、土地214万円）です。これで計算してみますと、次の式になります。

1年分の家賃÷積算価値＝70÷370＝19%

この利回りが何を意味するかといえば、**「賃貸需要の強さが織り込まれている」「固定資産税と相続税の負担が、家賃に比較して軽い」**ということが、いえます。

では、具体的に固定資産税と都市計画税負担を計算していきます。

（数値は前述の都心部の物件を例にします）

（1）固定資産税＋（2）都市計画税　0・967＋1・467＝2・434万円

となります。ここから各税の算出方法を解説します。

（1）「固定資産税」算出法

固定資産税＝土地分＋建物分　0・499＋0・468＝0・967万円

○「固定資産税」の「土地分＋建物分」算出法

・土地分

土地評価額×1／6（200㎡以下小規模宅地）×1・4％

＝214万円×1／6×1・4％＝0・499万円

・建物分

建物評価×1・4％

＝156万円×0・3％＝0・468万円

（2）「都市計画税」算出法

都市計画税＝土地分＋建物分　0・999＋0・468＝0・999＋0・468

＝1・467万円

○「都市計画税」の「土地分＋建物分」算出法

・土地分

土地評価額×1／3（200㎡以下小規模宅地特定）×1・4％

＝214万円×1／3×1・4％＝0・999万円

・建物分

建物評価×0・3％＝156万円×0・3％＝0・468万円

この結果からわかることは、固定資産税と都市計画税の実質負担が少ないという事実です。さらに支払った固定資産税と都市計画税を1年分の家賃で割ってみます。

固定資産税÷1年分の家賃

2・434万円÷70万円＝3.5％

このように固定資産税負担は70万円の家賃の3・5%程度に過ぎません。

家賃が安い割に積算が高い（フルローンを利用しやすい）地方物件と違い、空室がほとんど無い都心部で、この値が得られるのは、融資を使わず、積算価値にこだわらない区分の大きなメリットです。

評価額の大半を占める建物の償却終了後、相続する場合、建物は積算ゼロになっていますので、土地評価２１４万円だけが相続税対象です。しかし、家賃は相変わらず５〜６万円は入ってきますから、建物の税負担が減った割に、家賃は変わりません。土地評価に対する利回りを計算しますと、次の式になります。

1年分家賃÷土地分評価＝５万円×12ヶ月÷２１４万円＝28％

このように**土地評価に対する利回28％の物件を相続**するという計算になります。将来もし、**資産税が導入された場合**は、**資産評価価値が低い**分、キャッシュフロー見合いでは非常に**有利**な資産保全と、その相続ができます。

※税金については、あくまで概念を説明しました。正確な計算は専門家へ御相談ください。

◆区分物件キャッシュフローの平坦さ

家賃は株の配当に比べて、遥かに安定しています。売買価格もしかりです。しかし、未経験者に隠れた落とし穴は、運用コストです。

賃貸運営中の維持費、建物や設備の修繕費。特にＲＣ物件は築10年を過ぎてくると、その後10数年間で数千万円かかります。

維持費が小さい木造物件（小ぶりなアパートや戸建）でも10数年間で、外装修繕が必要な時期は、退去時内装修繕と合わせると、一度に１００万円以上はかかります。

区分物件大家さんの場合は、建物躯体の長期保守費（屋上防水や外壁修繕、配管など）と、建物付帯設備保全費（エレベータ、ポンプ、受電設備、通信インフラ、セキュリティなど）は、毎月の管理費と積立修繕金で、長年の物件運用期間中、ほぼ、賄うことができます。

さらに、中古区分物件の場合は、購入前に、新築以来のオーナーさん達が積立てくださっていた、管理組合・積立修繕金残高を自分自身が引き継ぐことができます。ファミリー混在物件でしたら、面積の広いファミリー・オーナーさんが多目に負担してくださっています。

図6　RC建物に付随する高額設備の一例

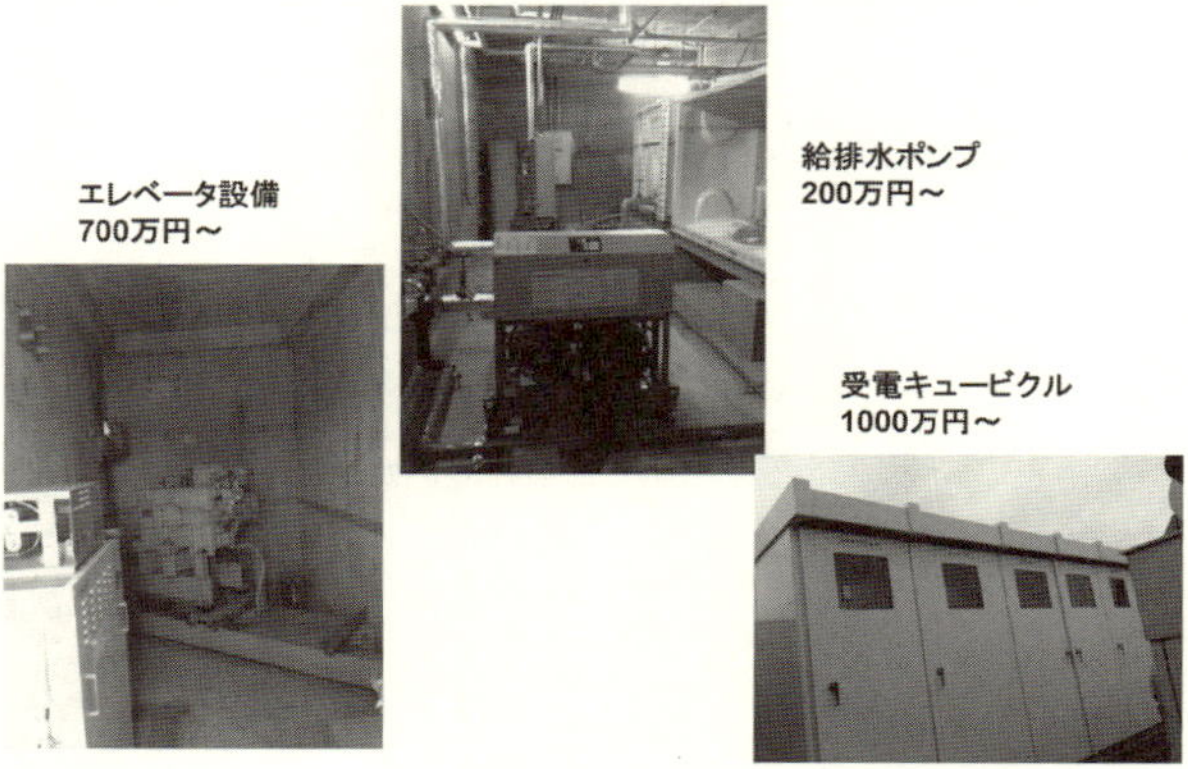

一棟マンションは、これらを一人の大家さんが維持する。資金は購入後の家賃の一部を残して自主的に積み立てておく。区分分譲マンションは共用部を管理する管理組合で協力して管理する。資金は新築以来の管理積立修繕金を充当する。

こういった部分が売買マイソクや売り出し価格にほとんど反映されていないのも、中古１Ｒ流通市場の歪です。

一棟ＲＣ物件を中古で丸ごと買う場合は、売手さんが、将来の修繕用に温存していた貯金までは、無料で譲ってはくれませんから、積立修繕金残高ゼロの区分物件を全室まとめて買うようなものです。

この点では、区分物件は、いきなり高額の保守費が個人オーナーへ襲いかかってくるリスクは低いといえます。

ですから、区分専有部オーナーが注意すべきは、専有部の維持費だけに限定されます。つまり比較的、将来に渡って資金繰りを予想しやすいといえます。

そういう意味では、最初にキャッシュフローが確保されていれば、ボラティリティーが小さいので、資金ショートのリスクが低く、初心者や、資金繰調達が得意でない方にも、運営しやすいといえましょう。

しかし、区分物件の修繕工事は多層請負構造なので中間経費が多いため、割高です。RC構造である区分分譲マンションの将来修繕費を予想する基準をどう判断すればよいのか、初めての方は迷われるのではないかと思います。是非次を目安にしてください。

毎月積立額：専有部持分当たり　200〜300円／㎡（将来、最小限の建物維持費）
毎月負担割合：管理積立修繕費／家賃×30％（将来負担にならない最大限度額）
積立残高：3〜5万円／㎡×専有部持分面積×総戸数
（購入直後に大規模修繕があっても臨時負担の無い、最小残高額）

管理組合の財務状況が、売買マイソクや売り出し価格に、ほとんど反映されていないのも、中古1R流通市場の歪です。

もし、中古区分マンションの販売図面に、積立修繕金残高が明記される商習慣になったとすると、先の指標が反映され、今よりも市場が効率化されて、積立金残高額と流通価格の歪が解消されるでしょう（管理組合の個人情報でもあり、単純なことではありませんが・・・）。

　すると、隠れた有利な物件が炙り出されて見つけにくくなることでしょう。

◆星の数ほどある類似物件の多さ

　別次元から見た場合の区分物件の未来予想のしやすさは、類似物件の多さです。一般的に、ディベロッパーは同じシリーズの物件を何棟も建て、同系列の管理会社が管理します。**良し悪しはあるにせよ、大量生産の工業製品の様なグレード・レベルの均一性**があるわけです。その物件の将来は類似シリーズの既存築古物件を実際に見れば、ある程度、予想できます。

　同じ会社が建てて、同じ会社が同じ方法で管理しているマンションは、経年後は、ほぼ同じような老朽化が進んでいくでしょう。複数のオーナー、多くの賃借人の目で監視され、同じ会社が管理し続けた建物は、良くも悪くも、ごく平均的なレベルに収斂されてゆくと考えられます。

　宇宙空間に、無数に存在する星々の過去を知るには、遠い星を観測すれば時間を遡れるのと同じように、**区分物件の数は非常に多いので、同列の古い物件をみれば、その物件の未来を予想できるのです。**

◆平均点の管理状態

繰り返しになりますが区分物件は、全体を管理組合、管理会社、入居者といった、複数の目で常に監視しています。多くの本には、他人任せで、管理がずさんになりスラム化すると、書かれています。

確かに、実需分譲区分と、投資専用区分分譲ワンルームを比較すると、一般的には築年の割に、痛み具合や管理状態に雲泥の差があります。

しかし、いくら投資用といっても、自分の資産がスラム化することを望んでいるオーナーはいませんし、自分の住まいが荒れ放題なのを、好きな入居者はおりません。物件が全空になっては、管理会社も立ち行きません。

そんな目で、色々な物件を見て気づくのは、立地抜群で常時満室の物件は管理状態が悪く、汚い物件もあります。一方、立地が良くなく「ここは賃貸付けを苦労しそうだなあ」と思える物件は、ピカピカに管理されている場合が多いです。

つまり、賃貸に支障のない範囲で、平均的な管理状態に自動的に均衡するというわけです。それが、毎月定額の費用で、10年、20年と淡々と経過していくので、大きな変化が少なく、何かあっても、積立修繕金でカバーされるため、将来の費用と、管理状態を簡単に予想できるのです。

一棟物件のように、全空のボロ物件を格安で購入し、ピカピカに再生する、ダイナミックなウルトラCはできませんが、**変化の少ない平均点の管理状態なので、今日の先に未来があるわけです。**

セミナーなどでお会いする区分大家さんから、「管理会社の管理状態があまりに悪い」と、ご相談を受けることがありますが、賃貸商品として稼動するレベルで建物が維持管理されているのが一般的です。なお私の物件の実例については後述します。

ある意味、共用部管理会社とオーナー管理組合は、専有部管理のように、個別オーナーの顔が見えにくいこともあり、片手で握手し合い、もう片手では殴り合っている関係のようです。

第5章

自己資金をどうするか?

「自己資金ゼロ・数年で億円規模の大家さん」は憧れの姿ですが、本を書けるような才能に恵まれた先生方だからできたことです。平凡なサラリーマン誰もが、簡単にはできません。やはり、基本はA（当たり前の事を）B（馬鹿にしないで）C（ちゃんとやる）です。この基本を押えた上で、得意技を実行したり、旨く離陸できたら、様子を見ながらドライブを掛けて加速して行けば良いのです。

◆何をするのもタネ銭は必須

不動産投資の最大の特徴は、融資が使えること。すなわち、未だ自分のモノになっていないのに、銀行がお金を貸してくれることです。

それなら、自己資金ゼロのオーバーローンで買うのが、もっとも有利のように思えます。最速、最大効果を狙うにあたって、理論的には確かにそうですが、実際には色々と越えなければならない課題があります。

一方、ローンを使わず、全額自己資金ではどうでしょうか？

もし、読者の手には十分な現金があり、これを実行できると仮定します。すると、様々な制約から開放されます。

まず、積算価値を気にする必要がありません。担保余力を確保しなくて良いからです。すると、実売買価格と積算価値を近づける必要は無いので、地方の立地にこだわらなくてOKです。

最初から、都心の高い賃貸需要の立地に、収益物件を無借金で購入できます。融資期間（建物の償却残期間）も無視できますから、古くても、保守状態が良ければ、人気の立地に賃貸需要最優先で物件選択できます。

問題は、資金を貯めるまで、時間がかかることでしょう。しかし、サラリーマン生活は長いです。慌てることはありません。Time is Moneyで、時間を味方につけます。時間を許容すれば、ローリスクで着実に自己資金を作れます。

では、その方法を検討してみましょう。読者の皆様の本業をどうすべきなどという、僭越なことは、私ごときが申し上げられません。

ここでは、**読者のスタンスは、「兼業サラリーマン大家さん」**と意思決定されていらっしゃるとして、そこから、お話をはじめさせていただきます。

◆ケチケチ3年

起業センスと胆力のあるリスクテイカーの方は別としてのお話です。

サラリーマンという商売は、毎月、必ず決まった日に、定額のすぐに使える日本円の現金が、自動的に口座に振り込まれてきます。滞納はおろか、突然の減額もありません。

自分が病気になるのを除けば、修繕費も全くかかりません。しかも、身一つで、何の資本金も担保も不要。こんなありがたいビジネスはありません。まずは、この原資（人的資本）を最大限活用すべきです。

給与は余ったら貯金するのではなく、毎月の半額を天引きで残し、残った分で生活するようにします。独身の方なら、不可能ではないでしょう。

特に、親御さんと同居や、家賃の安い会社の寮（住宅手当制度の適用条件内の賃貸物件）にお住まいの方は、相部屋など、多少不便でも、その恵まれた特権を最大限、生かすべきです。

僅かな頭金のローンで、**郊外に新築区分分譲（マンション）マイホームを買う**ことは、フルレバレッジで「絶対に値下がりし配当も無い金融商品」に「35年間縛られること」と同じです。マイホーム＝含み資産への投資にもならず**「心の満足を買う耐久消費」**と考えるべきです。業界の利益と世の中の経済循環に貢献はできますが・・・。私が実際に自分で失敗体験した結論です。マイホームのみならず、**マイカーと生命保険にも注意**です。

まずは、限りなく元本保証に近い金融商品で複利運用します。一発勝負のハイリスク・ハイリターンを狙って、なけなしの種銭を失っては、意味がありません。この段階では、**増やすより、まずは貯めること**です。

これは、ケチだけでは無理で、ケチケチ生活を覚悟します。ケチが2つもつくのですから、当然、**ボーナスは1円も使わず、全額、複利運用**します。

これを**3年続ければ100万円は貯まる**でしょう。なぜ、3年としたかは、2重のケチは「義理欠く、恥欠く、人情欠く」と3欠く主義に徹しないと到底、実行はできないからです。いい年をして、いつまでもこれをやっていれば、笑いモノになってしまいます・・・。若い時がチャンスです。

もう一つは、石の上にも3年で、これが習慣化して、血となり肉となり、ここぞというお金の使い道の勘所と、節約のツボが自然と身に付いてしまうのです。

そして、決定的なのは**100万円できると、それが一つの束＝塊として見えるようになり、1枚ずつ、バラバラには、したくなくなる**のです。

●好きな事収入の仕組みを作る

私の個人嗜好ですが、技術関係の個人士業が大好きで、学生時代からずっと継続してきました。技術研究をして、講演をしたり、本を書いたり。定年の無い、完全な余剰金なので、この収入で、様々な実験の意味もあり、海外投資が解禁された90年代から海外を含めた紙系のポートフォリオをずっとナンピン売買し続けています。

好きなことで収入を得る仕組みは、意識しないうちに無理せず楽しく築けます。その**余**

剰収入は使ってしまわず、自分に合った複利運用を実験してみることをお薦めします。

Ｓクワドランドが好きな人にはＥと組み合わせながら楽しくできる戦略です。

◆利回と運用コストの安さを追う

こうなると、**１００万円という塊で、お金を動かす**ようになります。すなわち、貯めるだけでなく、**利殖の道**に、自然と足を踏み入れるのです。

80年代までは、普通のサラリーマンができる利殖は、日本国内の株か、債券、運用保有コストが非常に高いアクティブ型国内投資信託程度しかありませんでした。

しかし、90年代から、個人が様々に海外投資できるようになりました。過去30年間の右下りのＴＯＰＩＸと右上りＳＰ５００のチャートを比較すれば国内投資がいかにリスキーだったかがわかります（２２１ページ図参照）。具体的方法は第11章で述べます。

資金運用が習慣的に身に付くと、**１００万円が塊となって出稼ぎに行きはじめ、複利で仲間のお金を連れて戻ってくるようになります。こうなると、１０００万円への道のりは、あっという間**です。

おそらく、ご自身なりの得意な金融商品や運用方法も出来てくることでしょう。先のケチケチの習慣は、いやでも身に染み付いてしまっているので、**貯蓄と利殖の合わせ技で、かなり、ローリスク・ローリターンな方法でも、数年でゴールに達する**はずです。

●安全確実に毎月キャッシュフローを得られる秘訣

繰り返しますが、サラリーマンは何十年にも渡って、長期で安定した日本円の現金が、毎月、「給料」という形で確実に入ってきます。どんな投資案件も、これほどローリスクで、確実安定なものはありません。

この世で、もっとも安全で確実な生活の場は、刑務所です。衣食住が保証され、災害からも保護され、医療費も（終身刑なら）老後もノーリスクです。しかし、何かを犠牲にしなければ、メリットは得られません。それは、行動の自由と自分の時間です。

ある意味、サラリーマンの生活は、個人の自由の代償に、会社という刑務所で働くことによって、社会的&経済的な安全を保証されるようなものです。刑務所は、その極端な例えといえます。（最近は刑務所に老後を頼る高齢の軽犯罪・再入所者が急増し、さながら老人ホーム化して、大きな社会問題となっています）。誰でも、刑務所に入るのは、いくら安全に生活できても、いやですね。

それでは、サラリーマン生活を継続し、兼業大家さんを続けていくのに大切な秘訣は何でしょうか？　それは、自分の時間は拘束されても、精神的な自由を獲得すること。すなわち、**「好きな仕事をすること」「やりたい仕事を楽しくできること」**です。

本書1章のコラムにて、私がリストラを2回も体験しながら、未だにサラリーマンを続けていることをお話ししましたが、まさにこの点からです。

すると、**物理的な拘束時間は精神的には自由時間に変わります。それが、着実に自己資金を作れる**ことでもあります。

あまりに、平凡、当たり前で、つまらないかもしれませんが、これが、35年前、6畳1間に同僚と2人で、貯金ゼロ、ダンボール2箱の家財道具とスーパーカブ（原付バイク）が全財産だった（翌日、入社式の直後に支度金として5万円をいただきましたが）筆者が、ゼロから出発して実行してきた原点でもあります。

◆資本家の発想へ転換

この先、**1000万円から1億円の道**は、この延長線上では難しいのです。なぜなら、ここまでは足し算で何とかなりますが、これ以上は、桁が繰り上がるため、掛け算的手法が必要だからです。**倹約家的発想から、資本家的発想に切り替える**必要があるのです。

いよいよ、本格的な、大家さん、不動産賃貸業の開始となります。1000万円を一つの目標とすれば、小さな収益不動産なら区分物件、戸建などを1つ2つは、現金買いできます。一棟物件でしたら、数千万円の融資案件の自己資金にもなります。

現金買いを繰り返し、家賃と給与を合わせて複利運用し、それを大家業へ再投入すれば、事業全体を複利運用できます。もっとスピードと規模を追求したければ、融資を使うことになるでしょう。

時間とお金の空間を、宇宙戦艦ヤマトのように、一気にワープしたければ、数年運用して、売却も有効でしょう（これらの手法は本書の対象外なので、他書へ譲ります）。

ここまで来れば、本当のビジネスを手がけるにしても、インターネット上での色々な手法があるでしょう(これも本書の範疇外なので、他書へ譲ります)。また、不動産投資＝区分投資だけではありません。最近は、少額からでも可能な太陽光発電（投資）が急速に終焉を迎えコインパーキング、ストレージスペース、民泊なども競争が激化しています。何に投資するにせよ、**投資家ご自身で、目的期間での損益の本質を把握して、自らが頭と手を使って数値化してから投資する**ことが成功の鍵です。

第6章

どのルートでどう探すか？

　サラリーマンの読者が、新規ビジネスの稟議を通す場合、何を真っ先に上申するでしょうか？「シーズとしてこんな良いモノが出来た！」「ニーズとしてこの商流がある！」きっと、株主やボスは、ビジネス商流が確実な企画を優先的に予算採択するでしょう。大家業は読者ご自身がボスです。まずは、商流と人脈を築きましょう。

　物件情報は単独では市場に存在せず、必ず人が握っています。その囲い込みによる情報の非効率性が投資の歪なのですから。

◆物件よりも購入ルート

初めて物件を購入する方は、今の時代ならインターネットサイトで物件を検索するのが一般的でしょう。

しかし、**不動産売買でのインサイダー相対取引の歪を最大限活用する方法は、物件よりも、そのルート（商流）を先に開拓**した方が合理的です。物件を探す前に、それが自分に辿り着くルートを創り人脈を築くのです。

本業のお仕事でも、新商品の企画には、商流をきちんと示さないと稟議は通りませんよね。それと同じです。通常ですと、ネットで探した物件を業者さんへ問い合わせ、それをきっかけに、ご縁を築き、非公開物件を紹介してもらう方法があります。

そして、1室物件を持つと、ブッ上げの電話がかかってくるようになります。それをご縁として、新しい関係を構築します。より有利な関係は、設立後間もない業者さんと仲良くなることです。

一般的に、設立直後の業者さんは、常客の投資家が少ないので、本書の読者ご自身がVIPになれます。しかも区分物件仲介から入ることが多いのです。物件数が多くて、手軽にすぐ扱え、ローリスクだからです。しかし、事業の拡大過程で、効率化を図る必要から、いつまでも区分仲介だけでは成長できません。

次第に一棟物件仲介へと事業の軸足をシフトさせ、契約単価を拡大させ、一取引当たりの手数料を増やさざるを得ません。さらに、仲介よりは、売買、究極は自社開発物件の売買が利益の最大化を図れます。こうなると、中々、零細な一個人区分大家さんへ、区分の1室を物件紹介する手間はかけられなくなってきます。

人も激しく動く業界ですので、同じ業者さんと永久にお取引できるとは限りません。ですので、定期的に、新しい業者さんを発掘する必要があるのです。

こうして商流を構築すると、星の数ほどある仲介物件情報の中から、読者に代わって、プロが、希望条件に近い物件を選別して教えてくれます。

サラリーマンが仕事の合間にネットを見る比ではなく、業者さんは、それが仕事なのですから、量も時間も質も桁違いです。何より、プロ独自の商流と人脈をお持ちです。

つまり物件探しはプロに任せて、普段は本業に専念した方が兼業サラリーマン大家さんとしては効率的だと思います。

何より、売買する時は、売り手と直接ではなく、必ず業者さんを通すわけですから、物件自体の裏情報（個別特殊事情）も業者さんの「人」が握っているのです。

インターネット上には決して、その内容までは公開されません。ですから、物件よりも商流の構築が、非常に大切なのです。

◆物件探し

物件探しの基本である、重要事項説明資料の具体例については処女作『中古マンション投資の極意』(筑摩書房)にて解説しましたが、その後、セミナーなどで、「最近は物件の足が速くて、本に書いてある資料が集まる前に、他の買い手さんに持ってゆかれてしまう」という声をお聞きします。目をつぶって無鉄砲に買うのは、あまりにリスキーです。

そこで、ここでは**スピードと安全性を両立した区分独特の方法を研究**してみましょう。

原則は前述通り、区分物件の特徴である数の多さを生かして、その中から、自分が取れて、他の人が取れないリスクの歪を探します。

その歪は、何から生まれるかといえば、買い手と売り手、あるいは、買い手競合同士の、知識と力量の相対力の差ということになります。

●エリア

一般的に、土地勘がある場所が良いと言われています。この意味は、生活圏にあり、地場の人脈（仲介業者さんや、工事業者さん、管理業者さんなど）とのグリップ度合いが強いのは大切ですが、根本は、「その**物件の未来が読めるか?**」ということに帰着すると思います。

読者がよく知った場所であれば、将来、どんな街に変貌していき、賃貸需要はどうなるか？ 売却した場合、どの程度で売れるのか？

熟知した場所であれば、ご自身の五感、六感を動員すれば、他の人が気付かない未来が見え、歪を発見でき、独自のリスクが取れるというものです。

●築年

築浅が良いとされていますが、それは、融資を使う場合です。減価償却残が長いため、融資を長く引けるので、毎月の返済額を押さえられ、キャッシュフローを出しやすいということです。

現金で買うなら、これは関係ありません。築浅のＲＣは建物の寿命が長いので、賃貸商品寿命累積での家賃を沢山とれることはあると思います。

しかし、それなら、絶対的な築年だけでは制限されず、**築古でも、人気の賃貸物件足りえれば、家賃は下がりません**し、買い手も、家賃相応にいるはずです。だとすれば、実在する、物件を実際見て、ご自身が買おうとしている物件に当てはめて、その未来を予想してみれば良いのです。

簡単な方法は、物件情報が入った物件を買えなくても、本業に無理のない範囲で、後からでも良いので、見ておくのです。

例えば、出張などで近所へ行ったら一寸足をのばして物件の中に身を置いて、その臨場感を五感で感じておきます。アーティストもコンサート会場で、体全体で鑑賞するのと、メディアで視聴するのとでは、感動が全然違いますよね！

さらに、感覚だけでなく、データも蓄積しておきます。相場家賃・修繕・積立金といった記録を取り寄せて保有していけば、数年後、同じ物件内に売り区分が出れば、躊躇無く可否を即断できます。

●規模

規模が大きければ、共用部維持費の個人負担が軽いので良く、小さければ、管理組合議決がまとまり易いので、大規模修繕や建替えをスピーディーに大きく舵を切れる・・・それこそ一長一短といわれています。

これも、その**物件の未来を予想し、ご自身の運営方針に規模が合っていれば良い**でしょう。長期保有の安定賃貸目的なのか？　期限を決めた売却を前提とした利益確定目的なのか？

管理組合の過半数議決権獲得を目指して、戸数の小さい物件を狙う辣腕投資家の方もいらっしゃいます。そうなると、理論的には、他のオーナーの資金を活用しながら、自分の思うがままに建物全体を運営できるメリットは大きいといえます。

●種別

一言で区分物件といっても、色々あり、それぞれに最適化は異なります。

☆ファミリータイプ区分分譲物件

オーナーチェンジ物件を利回見合いで購入し、退去時点で、実需消費者へ売却するのが理論的にはベストと思われます。その理由は、売買市場価格の裁定取引ができ、しかも、ファミリー物件独特の割高な維持費用を長期に負担せずに済むからです。

ただし、頻繁に行うには、業者免許が必要になってきます。また、売却時の相手が投資家ではない住宅ローンを使う実需消費者なので、区分のメリットである代理決済ができません。

相手銀行での相対決済に司法書士も同席しますので、時間と手間を非常に取られ、区分最大のメリットが生かせません。

☆1LDK築浅DINKS向け物件

築10年程度の、都心部の30㎡程度の独身者～DINKSがお住まいの区分をオーナーチェンジで購入します。退去時点で、同じような実需顧客へ売却すれば、上記と同じスキムになります。

こちらのメリットは、専有部面積が狭いので賃貸中の維持コストがファミリー物件に比べて安く、売却時の内装復旧費も低く抑えられることです。

あるいは、想定外の早期退去が発生し、継続して賃貸しないと、出口売価だけでは利益確定に不足し、インカム累積が足りない場合でも、募集すれば、郊外のファミリー区分マンションとは違い、直ぐ賃貸がつきます。

ただし、一般的には、**売却を前提にしないと利益確定できる価格でしか購入できません**

ので、出口ストーリーを描いた上でスタートしましょう。

☆事務所ワンルーム

ユニットバスすらなく、トイレとキッチンだけの、小さな事務所区分です。同じサイズのレジ系ワンルームより安く買えますが、賃料も安めです。もっとも気をつけたいのが、レントロールです。

士業の先生が事務所としてお使いだったり、硬い商売の方が、長年、そこに法人登記をおいて、事業を継続していれば、長期安定物件になる可能性が大きいです。

私も、そういった事務所を何室か運営していますが、10年以上、全く何も無く、家賃据置きのまま、維持費も管積以外は出費ゼロです。

いわば**駅前店舗系賃貸物件を、手軽に小額で実現できるという、良い所取りができます。**

ただし、**レジ系でない業務用途は、最後、不幸になることも多く、**私も、事務所物件で夜逃げを経験しました。

☆ホテル区分

ホテルの1室を区分分譲するか、パートナーシップで一口いくらとして、登記するものです。**賃料はホテルの収益からの配当金**と考えれば良いでしょう。

一見、退去空室が無く、内装費すらかからず、積立金以外は維持費が無い様に見えます。しかし、ホテルは競争が激烈です。周辺との競争力を維持するには常に内装&設備更新が必須なのです。

そのため、突然の臨時徴収金があります。こればかりは、レジ系のように予想ができません。ホテル経営会社が突然変わったりもします。

そもそも管理組合が無いので、経営会社が倒産した場合は、別の経営会社に引き継いでもらわないと、素人の個人がホテル経営はできません。

私が持っているホテル区分は、これらのトラブル全てを経験しましたが、現金買いだったためプラスに回っており、保有し続け、買値を抜いてゼロ浮上しています。

☆リゾート分譲物件
売買価格は数十万円と一見、格安でも、維持費も毎月数万円~10数万円という物件もあります。私は持っていませんが、セミナーで知り合った読者は、個人でリゾート物件の売買だけを好んでやっていらっしゃいました。**安く買って高く売る**こともできるようです。

☆レジデンス系区分譲ワンルーム

もっともポピュラーですが、成功の秘訣は、出口を決めて買うことでしょう。ずっと賃貸し続けるのか？　期間を決めて、売却により利益確定するのか？

それには、**購入時、収益還元法によるＩＲＲの経時変化をシミュレーションして方針を決めれば良い**でしょう。一般論では、都心中心部ほど、売却を前提にしないとペイしません。

それでも長期安定賃貸収入を目指すなら、路線価が都心中心部より低い都心周辺部で、該当する物件を見つけ易いです。

●物件調査資料

前述のとおり、最近の中古区分市場は、足が速く「中古マンション投資の極意」でご紹介の書類を揃えていたのではスピードで買い負けてしまい、中々購入できません。そこで、**現在流の対応策**をご紹介しましょう。

☆入居者

懇意の業者の担当者さんに**電話で教えてもらいます**。どんな属性の方が、いつから、どんな状況でお住まいなのか？　合せて、滞納・近隣問題クレーマーでないのかの有無も聞きましょう。

個人情報を含むため、売主から購入前に書面では出にくく、口頭で探り出してもらうしかないからです。

この点も、人脈を作り、そのルートで物件を探すメリットが生きてきます。区分物件は1室毎に購入するので、これをきちんと抑えることで、何室保有しても、不良入居者を皆無にできるのです。

☆専有部履歴

将来**金額が大きく最も多発する出費リスクは漏水**なので、この有無が重要です。その他の維持費は、狭いワンルームでしたら、エアコンや給湯器を交換しても10万円程度で、10年は使え、2ヶ月程度の家賃で元が取れますので、たいしたことはありません。

履歴の調査方法は、家賃保証や集金代行管理でしたら、専有部管理会社が履歴をとっています(但し、直近で管理会社を変更していると、それ以前の履歴が無い場合があります)。

売り手オーナーさんが自主管理の場合は、記憶を口頭で聞き出してもらうしかありません。この点でも、懇意業者の担当者さんの人脈です。

☆共用部履歴

もし、過去に同じ物件の他の部屋を調査したことがあれば、共用部の履歴は手元にあるので、即決できます。この点が区分物件の特徴です。

たとえ初めての物件でも、建物管理会社から重要事項説明を取り寄せてもらえば明記されていますが、どうしても1～2日かかり、その間に他の投資家に物件を抑えられてしまいます。

ですから、**即断が必要な場合は重要事項説明書入手前でも、自分でスピード調査して判断**します。

重要なのは金額の大きい、全棟大規模修繕がいつごろ成されているか？　です。これはインターネットで、その物件名で検索すると、建築会社のWebなどに引っかかり、大規模修繕実績などで掲載されています。

またGoogle Street ViewやGoogle Earthで物件を観察すると、特に屋上の様子から、大規模修繕工事の有無がおおよそわかります。

☆積立修繕金残高

物件情報を得て、**大規模修繕の有無が推定できれば、毎月の積立修繕金額と、戸数と築**

年から大よその積立修繕金残高を予想できます。過去に検討した物件なら、手元にデータは残っているので、経過年数から試算可能です。

これもGoogleStreetViewやGoogleEarthで物件を観察し、植栽が綺麗に手入れされていれば、財政的に余裕があると推定できます。

財政難なら真っ先に有料自転車置き場や自販機置場に改修されるからです。大規模修繕が未実施の場合は、妥当な積立修繕金残高は以下を目安にすると良いでしょう。

200〜300円/㎡×専有部面積×12ヶ月×築年数×総戸数（円）

大規模修繕が済んでいれば、修繕後の築年数を経過年数に置き換えて計算して下さい。

「中古マンション投資の極意」では色々なデューデリジェンス資料をご紹介しましたが、今の時代、区分の場合は全部を集めてから購入の意思決定をしては、スピードが追いつきません。

物件情報を入手して、調査でツボを抑えたら、まず物件を止めてもらい、契約までの間に資料を正規のルートで集めれば良いでしょう。

第7章

大家さんスタート・・・その前に

物件を安く購入し、付加価値をアップして短期で高く売って利益確定すれば、大家業とは無縁です。そういう方法も有効ですが、本書は家賃で稼ぐ大家さんを目指します。しかも、それをサラリーマンの本業をやりながら、長年継続するにはどうしたら良いか？

不動産は入口から運営、出口まで、時間＆労力＆コスト、何処かで何かを捨てて、何かを採らないと立ち行きません。本章はその判断素材です。

※本書はアベノミクス時代からオリンピック開催までの区分投資と投資外部環境とのリンクを中心に執筆しています。大家さんを始める前には、さらに詳しい区分投資経営術をセミナーや書籍で身につけてから始めることをお勧めします。私の前著『最新版　中古1Rマンション堅実投資法』、処女作『中古マンション投資の極意』（筑摩書房）でも区分投資ノウハウを中心にお話していますので、よろしければご参照ください。

◆買付、指値

物件調査して、購入の意思決定ができたら、指値を決めて、買付証明を入れますが、その際、担当者と電話で（メールではなくて）よくお話します。

売主さんがどんな事情でご売却をされるのか？　いつまでに決済をご希望で、売却代金は何にお使いになられるのか？　残債はいくら残っていて、手持ち資金で、それをどの程度まで補えるのか？　あるいは売却代金以外に抵当権抹消資金は無いのか？

こういった情報を伺えれば、現実的な指値の限界や、お譲りいただく価格の交渉材料に、「決済時期が使えそうか」などを検討できます。特に、現金購入でしたら全てのコントロールは読者が握っていますから、自己完結できます。

もうひとつは、売買ルートです。ごく一般的には、売手側業者さんと、買手側業者さんの仲介なのか？

あるいは、懇意の業者さんが直接、売手さんからブッ上げしたのか。だとすれば、仲介取引とするのか、もしくは買取再販で登記中間省略とするのか？

前書「中古1Rマンション堅実投資法」にも書かせていただきましたように、上記のルートを理解したうえで、**懇意の業者さんと指値価格&業者さんの手数料取り分を率直に相談します。**

非現実的な指値をしても、一人相撲になってしまいます。例えば、前書でご紹介させていただいた、買手業者さんに降りていただく方法の他にも、次のようなケースもありました。

ある日曜日の夕方でした。懇意にしている業者の社長さんから携帯電話が入りました。

「知人の紹介物件で、いま見に来ているが、生活保護の70歳代男性がお住まいで、近所の姪っ子さんがお世話している。良い物件なので芦沢さんに電話した。とにかく好きな価格を言ってくれ」

東横線・元住吉駅の物件（家賃5万円台の平凡なバストイレ一体型の1K）の前からの電話です。阿吽の呼吸で、この短い一言には重説数十ページ分の重みと、千金の背景情報量があると判断しました。

私は即座に「300万円位なら」とお願いしました。この、相手の空気を感じる取る感性と呼吸のタイミングが非常に大切なのです。電話でお話しながら、手はネットで物件を検索しています。

「では、すぐ社に戻って業者間で話をつける」と言っていただけました。社長さんと、知り合いの業者さんでご相談いただき、私は315万円を支払い、社長さんはお知り合いに謝礼を支払う。という条件で取引成立しました。

いわゆる仲介手数料ではない、謝礼です。ここまで、全て電話での口約束ですが、もし、反故にでもしようものなら、以後は相手にされず、永久に物件は回ってこなくなります。

中古区分物件流通数は膨大ですので、私の様な普通のサラリーマンでも、こういった上流物件を回してもらえます。競売や任売物件を追いかけるよりも、**時間と手間との効率を考えると、人脈に添って、買付を入れるのは有効な方法**なのです。

◆決済・登記

契約が完了したら、決済、登記ですが、業者さんでの売買実績数を多くできるのが区分のメリットです。件数を多くするには、時間と手間を最小限にすることです。

不動産の決済といえば、金額が大きいのと、融資を使うので、一般的には、買手側の取引銀行へ、売手と買手、両者の仲介不動産業者さん、司法書士の先生、銀行担当者が一同に会して、決済代金をやり取りして、司法書士の先生が所有権の移転手続を確認するのが一般的でしょう。

どんなに短くても、半日、場所によっては1日仕事で、銀行営業日の昼間ですから会社を休まねばなりません。

しかし、区分物件の売買は、**時間と手間がかからないことが最大のメリット**ですので、普通は**代理決済**が行われます。

業者さんとの信頼関係ができたら、決済を一任するのです。予め現金を預けて、担当者から売主さんへ入金いただき、同時に司法書士の先生に登記手続きをお願いします。

この方法でしたら、買主の作業は、売買契約時に委任状1枚書くのと、決済日までに、決済代金をワンクリックで業者さん指定口座へ振り込みを行うだけ済みますので、時間と手間は全くかかりません。

あとは、司法書士の先生に登記用の住民票を送り、登記簿謄本が送られてくるのを待つだけです。馴染みの先生でしたら、住民票を預けておけば、送付も不要です。その他は、管理組合費の銀行自動引落書類の処理を仲介業者さんへフォローすれば、完了です。

いずれも、ご自身で手を動かす作業はパソコンでの決済金額振込みワンクリックと書類への捺印だけです。**このシステムを構築するのが、業者さんとの人脈と信頼関係**です。

（信頼関係のリスクはあくまで自己責任でお願いします）

◆管理

不動産投資物件を購入することはゴールではなくスタートです。買ってからの賃貸経営はマラソンレースに例えられます。

管理関係の事例やデータの多くは、前2作「中古マンション投資の極意」「中古1Rマンション堅実投資法」でご紹介しています。紙面の制約から、前書を補完する最新情報を追加させていただきます。

区分物件に最適な管理会社さんの選定戦略は前書をご参照ください。セミナーなどで良くご質問いただくのが、「管理はどこへ委託していますか？ 自主ですか？」ということですが、区分の特徴は、1室毎を個別最適に独立管理できることです。

「それでは、手間ばかりかかり大変ではないですか？」といわれますが、管理がシステム化されているので、完成品のパズルを組合せるだけなのです。ガチッとはめれば、後は何年間も自動運転です。

つまり、部屋毎に最適化グルーピングして、**まとまった塊をいくつかの管理会社さんへ託します。**ある1社だけに任せるとか、全部を同一に管理することはしません。これもリスクヘッジの一つです。

●賃貸付け

ここでも、決め手は「人」です。お客様が部屋を選ぶときは、必ず不動産業者が窓口になります。プロを介さず、ネットや口コミで直接契約する方法もありますが、色々なリスクと手間の覚悟が必要です。私も実際やってみましたが、夜逃げされ、プロを通す大切さを勉強しました。

賃貸営業者が本気で成約しようとすれば、お客様に鍵だけ渡して一人で内見させるようなことはしません。ですから、客付業者さんへFAXだけ流して電話待ちの管理会社さんより、自らお客様をエスコートして管理もする業者さんと懇意になった方が客付力量は高いです。

成約しそうな顧客を一本釣りして、私の部屋より低品質で高価格の部屋を2～3ピックアップして同行し、最後に私の部屋へお連れしてから店舗へ連れ帰り、決めの営業トークで成約へ持ち込む。あるいは、一般媒介で、同じ部屋が複数業者さんの帯情報でネットアップされていたら、お客さんは気に入った業者さんで契約するものです。

このように、**相場賃料であれば、成約は本気を出したプロの、腕とやる気次第**なのです。

そこは、家主と、管理会社さん、あるいは賃貸業者さんとの関係次第です。一般的優先順位は、自社所有物件→家賃保証物件→大口大家さん物件→一般管理物件となります。

区分の部屋を数室託しただけでは、中々ＶＩＰにはなれませんが、**売買など、色々な取引の中で信頼関係を築いていく**のです。

これらの基本と相反する方法ではありますが、区分最大のポイントには「空室時に賃貸付け最優先で臨機応変に対応できる」こともあげられます。

他の管理会社さん委託物件で、空室が出たら、物件を集めたい管理会社さんへ空室募集を依頼し、埋まったら管理も委託します。そして委託管理中、空室になったら、複数の管理会社さんに平行して募集をお願いして先に付けていただいた所と契約し直す方法もあります。

こうすれば、自然に実力のある管理会社さんへと物件を集めることができます。区分の場合、管理契約が重くない商習慣なので、管理会社さんも乗り換えをさほど嫌がりません（一棟物件などですと、委託管理契約の途中解除は、区分ほど軽くありません）。

最悪、１ヶ月程度の違約金を払えば手切れできますから、いつまでも空室を抱えるより、**実力とやる気のある管理会社さんへ託す**方が遥かに合理的です。

借上げ保証と集金代行を空室発生時、切替える裁定手法については前書でご紹介しました。空室家賃保証へ切替えない場合は、委託管理会社へ1ヶ月間依頼してみて、成約まで持ってゆけない場合は、自分自身が動いて、物件近くの、ミニミニ、エイブル、ハウスコム、駅前不動産屋さんなどへ、営業活動をかけます。

同じチェーン店も店舗毎に足で回り面談し、広告料を提案して、物件を自店舗だけに抱えてもらっても、公開しても、店長さん判断で、自由でOKとします。

礼金やフリーレントなど、ある程度の裁量権を委ねて競争で募集してもらいます。こちらは、一室の一見さんですから、インセンティブの大きさと、まず、営業マンに成約できる部屋だと印象を持っていただくことです。

営業マンは毎月数10万円の手数料ベースロード以上を成約しないと、その上、歩合が出ません。この部屋なら必ず自分の成績に繋がると、メリットを感じてもらえるようにします。何もしないで、委託管理会社さんだけをフォローするよりも理論的に成約率は上がるはずです。マイナス要素は、**自分の時間と手間をとられるだけです。それが、収益の機会損失をカバーできると判断すれば自ら動けばよいのです。本業に専念すべきときは、じっとこらえてチャンスを待ちます。**

まず、**内見顧客よりも営業担当者に、物件を気に入っていただく**のが第一歩です。基本は賃料相応か、それ以上の商品価値たる部屋に完備すること。設備類は完動を確認し、破損・汚れは新装します。

この基本が不備で、広告料や謝礼を上乗せしても優先順位が違います。ＰＯＰを付けたり、お花を飾ったりするのは、その次です。リネンや家具を設置するのは、さらにその次です。

ちなみに、この程度のアクションは、積算見合の路線価エリアで一棟アパートを運営されていらっしゃる大家さんなら、日常的に実行されていらっしゃり、**都心の区分と郊外の一棟物件の賃貸付けの感覚は、これほど違います。**

●設備故障

区分物件の設備故障修理費用は、共用部はＲＣ一棟物件を一人で賄う、一度に１０００万円もの修繕が突然発生するような心配は不要です。毎月の積立修繕金が家賃収入でカバーできていれば、将来に渡って、資金繰りはＯＫなのが極めてシンプルです。

もちろん、購入時に現残高と、将来の、積立額と部屋数と、大規模修繕状況からのシミュレーションで築40年程度までの収支を予想しておきます。

専有部も面積が狭い１Ｒや１Ｋなら設備も限られるので、一般的な４ＬＤＫ程度の戸建

図7　筆者所有築30年超の中古1Rでのユニットバス漏水修理の実例

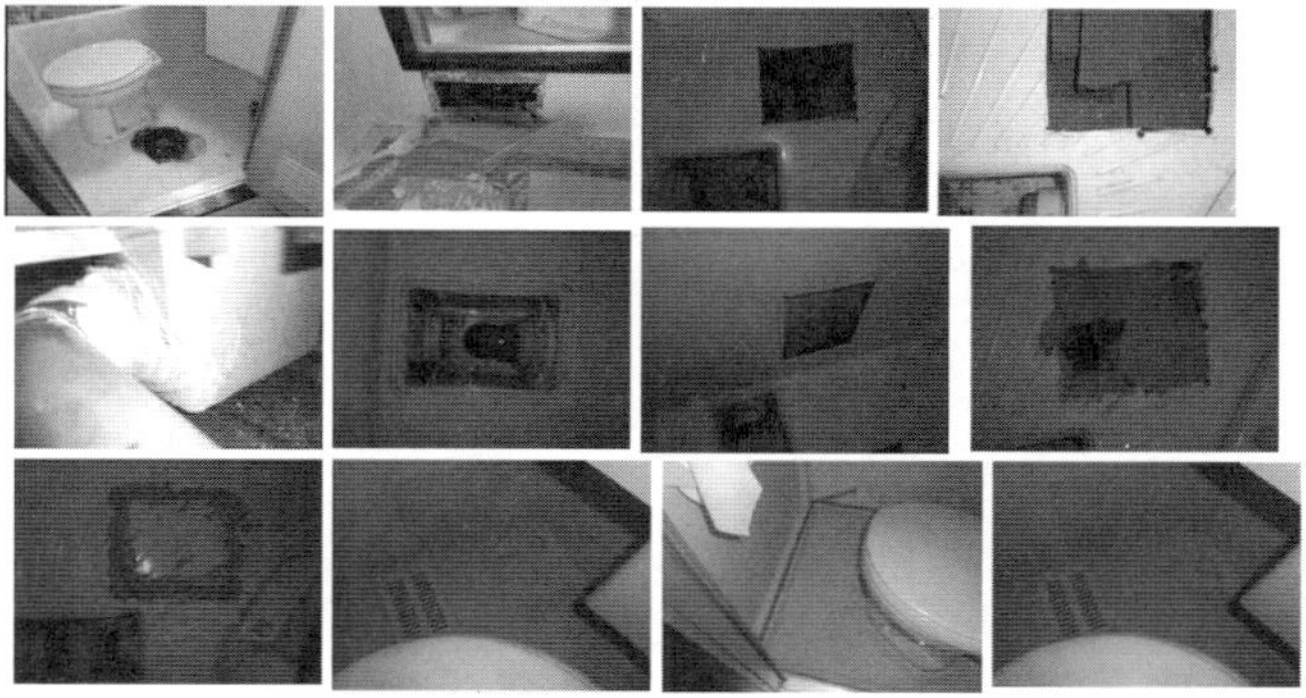

床面と側面二箇所を開口加工して床下を調査。便座の結合部と、床下トラップの二箇所から漏水していた。シリコン樹脂にて防水対策後、開口部を閉鎖。防水シートを床面と壁面へ施工し完了。施工費用総額12万円。ユニットバスを交換せずとも、修理対策可能。

のように一度に１００万円以上の修繕費負担が発生することはなく、築20年程度まではエアコンと給湯器に注意すればＯＫです。

新品に交換しても普通10万円はかかりません（管理会社さんの手間賃が乗った場合は別です）。２ヶ月程度の家賃で補えます。

築30年を越えてくると、ユニットバス水回りの漏水が発生しますが、これも、50～70万円程度をかけて全交換するまでもなく、一部を切断開口して、個別手作業、10数万円で修理できます。

ユニットバス壁面や浴槽が錆びて、樹脂が浮上り剥離しても、錆を削り、樹脂を塗装すれば継続使用できます。いずれも10数万円を想定すれば対処できます。

入居者からの第１報は管理会社さんに受け

て、もらい、金額次第で、管理会社へお任せするか、自分で修理業者さんを手配するか判断すれば良いでしょう。

なお、さらに修繕費のコストダウンをするための方法などを『大家の知恵袋』として、本章のコラムにまとめておきました。ご興味のある方は参照ください。

●退去

退去立会は、賃貸付力量の高い管理会社に代行管理してもらっていれば、問題ないですが、**賃貸が付かず、ご自身で付けた場合が問題**です。

特に敷金清算と、経年劣化以外の入居者瑕疵による負担請求です。多忙な本業の合間で、到底、現場対応できません。ましてや、物件が遠方の場合は尚更です。

負担金のタフな交渉は精神的にも、あまりやりたくありません（私は技術屋なので相対でのガチンコお金のネゴはどうも苦手です）。

特に、賃貸専門業者さんで募集して自主管理した場合は、立会いはやってくれないか、1～2万円の有償立会で、お抱え業者さんでの内装工事が条件で引き受けてくれる所もあります。

ただし、合見積を取ってみると、工期が遅くて価格が高い場合がほとんどです。そんな場合の対処方法は、他の物件を委託している管理会社さんに、退去立会いから受けていただくのです。

管理物件数が増えるので喜んでやっていただける場合がほとんどです。懇意になっていれば、その後の内装工事は、合見積で施工して、管理をお願いするのでもOKなど、最近は区分物件管理も取り合い状態なので、相談と交渉次第で柔軟に対応してくれる管理会社が増えてきました。

●支払い

Time is moneyはもらう時だけでなく、支払時も生かせます。物件現金買いの区分大家の強みはCFが厚く、資金繰りに苦労しませんが、それを管理会社さんの選択で、さらに有利に進めます。

読者は本業の売掛回収や、支払いコンプライアンスでは、下請代金支払遅延等防止法で苦労されておられると思います。これを逆活用します。

大家さんは、自分が零細業者側です。特にワンルームデベ系列の大手管理会社さんの場合、修繕費などの支払いは家賃相殺処理が商習慣です。これで、半月～1ヶ月程度、支払いを延ばせます。

さらに、相殺ではなく、大家からの口座振込ですと、さらに相談次第で日限調整を柔軟にできますので、運転資金繰りが非常に楽です。

一人親方さんなど、零細業者さんへの支払は、当日即金とか、場合によっては、着工前に半額前払などで、こちらの誠意を示し、以後の信頼関係を有利に築けます。**金額の大小だけでなく、支払いのタイミングにキャッシュを有効活用するのは非常に重要**で、威力を発揮します。

『大家の知恵』
～少しでも安く、ストレスなく経営するために～

●設備故障対応費用を安くするには？

まずは、コストダウンの知恵からお話します。

設備を安く購入するには、物販ルートを飛ばして、中間経費を抜く「ルートバイパス」か、まとめて大量買する「ボリューム・メリット」が王道です。零細区分物件大家さんが1室だけ修理工事する場合、王道が使える業者さんと懇意になって、安く購入した機器を使ってもらいます。

しかし工事費は、スケールメリットが無いので、「定価」になります。それでは、工事を安くしていただく方法はあるのでしょうか？

懇意の業者さんがいらっしゃれば、お願いすることも可能でしょう。これも、王道はボリュームです。一棟物件大家さんでしたら、まとめて10室、あるいは、一棟丸ごと、エアコンを交換するので、「安く工事して！」とお願いすれば、可能でしょう。

1台だけをイチゲンの区分物件大家さんが安くしてもらう方法は、これも時間と手間をある程度使って、**物件近くの一人親方さんを探すか、安くやってくれる業者さんを探す**しかないでしょう。

ただし、何事もQ（Quality）C（Cost）D（Delivery）が完備して完成です。初めてお願いする一人親方さんの場合、安くても、その方の知り合い大家さん優先の工程となり、システマチックな工程管理がなされない場合があり、着工も完了も確約が取れないというリスクがあります。

安い施工は、どういう業者さんかといえば、**専用の道具を持っており、多能工の職人さんを少人**

数で切り盛りしている。あるいは、業者さんの下受けが、業者さんではなく、**専門の道具を持っている一人親方さんと直接人脈がある。**という条件になるでしょう。

内装クロスだけの業者さんでは、資格が無く、電気設備を扱える道具もないので、電気工事は無理です（電気に限らず水回りも同様）。

そういった、内装業者さんが電気工事も受注した場合、管理費を上乗せして、仲間の電気設備業者へ外注しますので、大家から見ると、割高になります。

一方、電気設備工事だけでは、中々食ってはいけません。といって、電気工事単独で食っていける大手業者さんは固定費がかさみます。

そこで、内装もできるし、電気設備も扱える、**優秀な多能工さんが、少数精鋭で人件値のベースロードが安く、簡単な電気設備の道具を持って業者さん**へお願いします。

あるいは、**自社でできない工事は、工種毎に専門の一人職人さん仲間へ直接仕事を出せるという業者さん**（仲間の業者さんへ管理費だけ取って、仕事を回すタイプの業者さんではない）を見つけて、そこへお願いすれば、物件賃貸管理会社さんと、一時下受けの内装工事業者さんが乗っける管理費用分をカットできるわけです。

・常套手段・ネット合見積の落とし穴

インターネットで機器だけ安く買い、工事を別発注して、ネットや電話で合見積もり、という方法もありますが、**工程や現場作業を熟知していないと思わぬ隘路（あいろ）にハマります。**

「廃材引き取り」を含む見積りでも、梱包と建物内輸送は含まないという暗黙の条件の業者さんもあります。

エアコンで例えれば、工事業者と引取業者が別で、引取りは普通の宅配便が、普通の荷物としてエントランスへ引取りに来るだけ。つまり、途中の工程を、業者さんが自分ではやらず、他の、安くて効率的なシステムに置き換えているだけなのです。ですから、ハリボテしたシステムには、完成品ではない、隙間が存在します。

この場合、当然、梱包済み車上渡しが条件だったりします。すると、廃棄エアコン室外機を、自分で梱包材を用意して、梱包を完了させておく必要があります。その40ｋgを超える「荷物」を、これも自分で物件のエントランスまで運び降ろして、引取便に積込まねばなりません。

入居者にはやってもらえませんから、当然、大家さんが物件へ出向いて、怪力を発揮せねばなりません。エレベータの無い、5階建物件などの場合でしたら、死にモノ狂いでしょう・・・。

これだけ大汗をかいても、どんなに安くても、工事一式で1．5万円はかかります。普通の工事一式が3万円弱程度です。1・5万円節約のために、大家さんは上記の労働力注入が必要となるわけです。

・コストは時間と労力のトレードオフ

区分物件1室のエアコン交換費用は、せいぜい6～10万円。そこからコストダウンできても、電話依頼だけで、人に動いていただく方法では、半額は難しいでしょう。

といって、ご多忙なサラリーマンの方が、セルフリフォームで、ご自身がエアコン工事はできませんし、その段取りの、入居者と工事業者との施工管理調整や段取り指示すら、やっていられないと思います。

ということで、新規のパートナーを探すことも含めて、詰まるところ、**コスト・イコールご自身の時間と労力とのトレードオフということになります。何事も、フリーランチはないものです。**

それであれば、**各人最適加減で自己労力注入を行い、その他の分は本業に専念**した方が、その時点の効率を最大化できることでしょう。

ただし、本業との関係で、時間の取れる時期に、じっくりと、将来起るであろう事態の対策を練っておくことは大切です。その自己ペースをしっかり、わきまえておくことも、兼業サラリーマンの区分物件運営には、賢明なる方法になると思います。

工事全体を見た場合でも、合見積で工種毎に別の業者さんを頼む方法（内装屋、水道屋、電気屋などを個別に自分が仕切る）は、安くはできますが、大家さん自らが、ゼネコンのようになって、施工管理をやる必要があります。

段取調整や工程作成、品質検査などは、この業界では、当然、有償で行う立派な業務です。サラリーマンが本業の片手間にやるには、非常事態対応なら有効でしょうが、日常的な手法とするには、無理がありそうです。

●物件は近所が有利か？

「物件の立地が遠いと何かあった時、行けなくて不利」との説は真理でしょうか？

以前、郊外の物件でユニットバスの水トラブルがあった時、遠方の大家は現場に来ないだろうと、管理会社さんから全交換で70万円の見積が来ました。

おかしいな？ と思い、私が現場を見ると案の定たいしたことはありません。そこで直接修理業者を手配し、配管の部分だけの交換で数万円で解決という例もありました。

空室時の室内のにおいや、害虫の発生時も完成時の写真だけではわかりません。

この事例を掘り下げると「距離ではなく、信頼できるパートナー（管理会社や修理業者）が物件または大家に付いているか？」が問題の本質であると言えます。

●区分物件クレーム予防保全対策

区分物件でストレスなく、長く大家さんを続けるには、購入時、1室毎の事前個別吟味で、将来のクレームの殆どを制御できます。そのクレーム予防保全対策手法の事例をお話しします。

一棟大家さんの勉強会へ参加すると、クレーム処理の話題は、ほとんどが共用部の人間問題です。（部屋間の騒音問題も含む）。区分の場合、専有部を自主管理していても、これらは全て、建物管理会社へ行きます。

ですから、専有部を委託管理している場合などは、一旦、委託管理会社さんへクレームが入り、費用が発生する設備故障などに限り、大家さんへ管理会社から施工判断の連絡が入るだけになります。

それ以外で、相談がある場合は、退去か大きな事故などで、あまり歓迎できない連絡になります。そういう時でも、凹みかけた管理業者担当者を労い、「一緒に対処しましょう！」という向き合い方が信頼関係を深めます。

過去20年で色々なクレームを経験しましたが、大家最大の試練は入居者がお亡くなりになることです。統計的に40～50室を越えると経験するといわれています。

私も２０１４年、前述の元住吉物件にお一人住まいの70歳代生活保護の男性が亡くなられました。しかし、これは購入時から想定内です。予想通り物件内ではなく、入院後のことでした。

家賃は役所から自動的に最後まで入って来ました。御不幸、契約解除後、募集２週間で某中央官庁の30歳代男性官僚の方が入居されました。

このように区分物件は購入時から1室毎入居者を瀬踏みし着実に審査すれば、将来のクレームリスクを極めて少なく制御できます。

第8章

管理組合の実態

区分物件の最大の特徴は、共用部の管理は管理組合が行う点です。多くの書籍には、「専有部区分オーナーは単独での管理裁量権が限定されるので、投資には不利」と書かれています。実態は、果たしてどうなのか？　筆者の20年間の経験を集約して真実の姿を御紹介します。

◆区分物件管理は平均点へ自然収斂

区分物件の最大の特徴は、共用部を管理組合で共同管理することです。共用部管理が実需外の外部オーナーと、自社利益最優先の管理会社によるため、管理がずさんに放置され、スラム化し老朽化が早いと、本に書かれていたりしています。ある意味、これは真実です。

しかし、私は30年間程度、数千棟の区分物件建物を見てきましたが、スラム化して賃貸商品足り得なくなった建物は、公的機関が運営主体の物件ではありましたが、民間管理では見たことがありません。

それは、**利益関係者の誰もが、自分の財産や収益源たる物件が、廃墟となるのを望む人は居ない**からでしょう。

確かに管理が芳しくない物件はありますが、立地が良く、それなりに相場賃料で賃貸が付き、収益が上がって商品として回っているものは、それ以上の手間とコストはかけないという市場の自動制御が働いているものが多いです。

オーナーと管理会社間で微妙にバランスしているためです。片手では握手しあい、片手では殴り合い、奪い合っているようなものです。

図8　スラム化した1Rマンションの実例

筆者自宅直近の某中央官庁所有の職員寮。駅徒歩10分の好立地。1年間以上も立ち枯れ状態。経済的採算性が無関係な公的機関の所有物件は、こういう事例を散見する。しかし、民間運営の物件では、直ぐに次の手が打たれる。民間マンションの建替は、老朽化や賃貸需要よりも個別経済事情で成されるのが実態。

こういう物件の注意点は、金額の大きな修繕を先延ばししているだけなので、後年、建物がボロボロになり、より高額な費用が必要になったりします。それには、積立金残高が重要なのです。

セミナーなどでも、自分の物件の共用部管理が酷い状態なので、売りたい。という方からもお話を伺います。確かに、管理会社のやり方は酷いものもあります。しかし、大家さんの専有部は賃貸が付き、収益も上がっているので商品足りえているのです。

◆ある管理会社の実例

これは私の物件で、悪質な管理会社の実例です。ある物件の管理室と自転車置き場は、管理会社さんの所有権でしたが、お抱え不動産鑑定士に収益還元法による鑑定書を作らせ、臨時管理総会集会を強制開催して、管理組合への売却を強行採決し、積立修繕金から代金を自社へ振り替えてしまいました。

賃料が入るはずもない管理室や、無料の駐輪場は収益還元法ではゼロ円のはずですので、何とも強引なやり方です（管理会社が組合に一方的に売りつけた管理室の賃料を払うようにはなりませんでした）。それでも、専有部、共用部とも回ってはいます。

ある意味、**積立額は管理会社にガラス張り**ですから、いいようにあしらわれてしまったわけです。しかし、大量の社員が、こういうやり方に疑問を感じて、長年の自分の重要顧客の管理を持って、退社していったのも事実です。

別の会社は、理事長と談合して、割高な金額で大規模修繕を受注し、その一部を理事長個人へキックバックする、という不正な事例もありました。

◆ある管理組合の実例

次に、私が持つ物件の中で一番悪い管理組合の実態をご紹介します。購入時、**管理組合が2つに分裂して揉めて**おり、管理費積立修繕金の請求が2つの管理組合（というか、一部のオーナー2グループというのが当たっています）から、それぞれ別に来ていました。会計報告もない、こんなものに、両払すれば、どうなるかわかりません。当然、私は、口座引去の手続きは取らず、こちらから銀行振込方式として、動静を見ることにしました。

その後、色々とあって、物件内の大型店舗実需オーナー企業が管理組合理事長となり、ごたごたの中で、管理規則を作り変えて、議決権を1室1票ではなく、単位面積当たり1票として、自社の圧倒的広い持分面積で議決権の大半を握るルールにしました。

結果、共益費などが、大型店舗には有利に、私のようなレジデンス系一般オーナーは、負担額が増えるよう改定されました。

一般オーナーのグループには、組合の運営権を自分達の手に取り戻そうと、弁護士（仮にA氏とします）を使って色々とやっていらっしゃいますが、こうなると、ルール成立ですので、どうにもなりません。

この時点で、くだんの店舗実需オーナー企業&組合理事長さんからは、代理人のB弁護士の先生を通じて、共益費滞納者たる、私宛に内容証明郵便が来ていました。A氏のグループからは請求は来なくなりましたので、紛争の勝負あったとみて、私は、貯まっていた数年分の共益費50万円程度を一括して振込みました。

まるで、**戦国時代の弱小国の頭首**のように、関ヶ原へ向かう諸国軍勢の行列の、東軍へ付こうか、西軍へ付こうか・・・。という感じです(笑)。結局は、小早川軍が光秀方の側面を付いた当たりのタイミングで、身を潜めていた茂みから出て行って、その尻を追いかけて行き、一撃離脱戦法で首を2~3拾って徳川方へ駆け込んだ形になりました。

◆微妙なバランスの上に居る?

この物件は、すでに現金購入時の投下資金は、累積家賃キャッシュフローで回収済みで、買値がタダの物件となり、現在、毎月の家賃キャッシュフローは、そっくり利益として積みあがっていく状態になっているので、継続保有して賃貸運営しています。

上階からの漏水などがあった際、上のオーナーさんへ連絡した際も、「過去に漏水を経験しているが、管理組合が機能していないから、自分で、隣室のオーナーさんと連絡し合い、相互で対処した。経験済みなので、今回も対処しますよ。家賃が凄く順調に入ってくるから、うちは、まだ持ち続けるつもりですよ」と、言っておられました。

このように、目的は収益なので、それがＯＫの状態であれば良い、というオーナーさんが多いようです。確かに、管理組合がしっかりしていればベストですが、春秋戦国時代の中国のような無政府状態でも、**そこに人が住み、経済が機能していると、相互作用によって、均衡して国が回っていくように、自浄作用が働く**ようです。

決して、これが良いわけはありませんが、管理組合の本質とは、このような微妙な利害関係のバランスの上に成り立っているものなのかもしれません。

一棟オーナーさんのように、自分自身がガッチリ物件（国）全体を統治し、運命共同体となるのが、自在に切り盛りできてベストでしょう。

戦国時代の堺の商人のように、国は統治しない代わりに、各藩へ投資（商い）を分散し、統治がしっかりした藩もあれば、自治で自由に経済が回っている藩もあると、複数の国（物件）へ、リスク分散し、国取物語の勢力緩急を観察しながら時流に相乗りするという方法も一考かと思います。

◆長期的安定運営に自浄作用は必須

とはいえ、特に建物の機能と価値を長期に渡って維持するためには、計画的な修繕は必須です。個別オーナー間だけの、対処療法による、パッチのつぎはぎだけでは、長年のうち、建物はボロボロになってしまいます。

日本の国の中だけで、一見、上手く行っているようでも、黒船が突然現れて、国全体の膿が一気に噴き出すような事態になってしまうでしょう。

そんな酷い管理会社は後を絶ちませんが、オーナーさんにも熱心な方が必ずいらっしゃって、あまりに酷いやり方には、必ず警告が発せられ、イエローカードでブレーキがかかり、場合によっては、レッドカードで、管理会社を変更する議決がなされます。

複数の人で運営され、平均点に自動収斂してゆく自浄作用と考えられます。自爆するまで行った物件は結局、まだありません。

もちろん、私自身が管理組合理事長を務めた物件もありますし、理事として大規模修繕工事も3度ほど実施したこともあります。しかし、サラリーマンの仕事をもちながらは、時間と手間に限界があります。これもバランスとトレードオフでしょう。

◆頼もしいオーナーさんもいらっしゃる

私の知り合いのオーナーさんは、全国各地物件の管理組合理事長を兼務し、管理組合をリードして、管理会社さんとも積極的に交渉し、3000万円の見積の大規模修繕を900万円で施工したり、塗装や材料、工法などの知識も豊富でいらっしゃいます。

高いポテンシャルをお持ちなので、「ご自身で一棟物件をお持ちになった方が宜しいのでは？」と申し上げると、「自分にはこれが合っていて楽しいから」と、奥様とお二人で、全国管理集会行脚の旅を今日も続けられておられます。

別のオーナーさんは、地元に集中的に区分物件を持って理事長に就任。いつも見回りながら、清掃や整頓などの管理品質を管理会社へ積極提言します。管理組合を動かして、共用部へ駐車場やレンタル収納を設置して、財源改善にも積極的です。物件を拝見しましたが、築20年でも新築のような輝きでした。

このような事例は、稀に見る優秀な理事さんです。しかし、管理組合には、程度の差こそあれ、必ず、**熱心な組合員さんがいらっしゃるものです。そういう方々によって、自然の自浄作用が働きます。**

第9章

大規模修繕への先手対策

中古物件のオーナーとなって、何年か経過すると、ずっしりと圧し掛かってくるのが、高額な大規模修繕費です。しかも、それはボクシングのボディーブローのように、築年数のラウンドが進むにつれて、じわじわと効き出してキャッシュフローの体力を奪って行きます。

区分物件の実態、対策法はどうなのか？　桁違いに高額のRC物件の大規模修繕費の現実とは・・・。筆者の21年間の実態と、最新法令に基づく、今後の見通しもリアルにご紹介します。

※大規模修繕については、前書『最新版　中古1Rマンション堅実投資法』で実際にかかった金額と一般的な将来予想金額を詳細に提示していますので、是非、参考にされてください。よろしければご参照ください。

◆建替か修繕か!?

ＲＣ物件大家さんの宿命は、これら建物老朽化と、付帯設備保守の両方に対応する出費です。一棟ＲＣ物件を一人で購入する場合には、これらをいつまで、どのように負担できるかを十分シミュレーションして、将来の資金繰りを慎重に検討する必要があります。この点は「未来予測の容易さ」で述べた通りです。

一方、区分の場合は、その費用は管理会社さんの利益が乗りますので、おそらく、**一棟ＲＣ物件を一人のオーナーが自分で仕切って運営する場合より３〜４割以上、割高になるでしょう。**

そこで、管理組合として、管理会社さんと交渉し、管理費用の会計報告の内訳詳細を毎期チェックし、合理化（『中古マンション投資の極意』（筑摩書房）を参照）できないか？

大規模修繕は必ず合見積を取るなどしてコストを抑えます。

大規模修繕と共に、検討されるのが建替です。

今後、都心部の老朽化物件は急増してきます。**２０１４年２月「マンションの建替えの**

円滑化等に関する法律」の改正案が閣議決定されました。この改正では、**区分所有者などの4／5以上の賛成で決議すれば、マンションと敷地を一括して売却**できるようになりました。

区分所有者は、持分に応じて売却金（「分配金」という）を手に入れることができ、お金を受け取ることができます。分配金を受け取る法的な意味は、マンション売却の成立です。その後、建替えマンションを買い戻す場合は、新たに売買契約を締結することになります。

一括売却に同意し、決議で賛成票を投じたとしても、**必ずしも買い戻さなくてよい**わけです。ここが、**建替え後のマンションに引き続き住むことを前提とした、現行法との大きな違い**です。

つまり**本改正は、「建替え」促進というより、区分所有マンションの「清算」促進**という意味合いが強いといえます。この法改定を、私の最古物件である築後38年（1978年築）旧耐震区分分譲マンションに当てはめて考えてみましょう。

該当の物件は東京・八王子に建ち、1989年、バブルのピーク期に2800万円で購入しました。当時で築11年、1978年築の旧耐震物件。45㎡の2DKです。

建物自体は2DK、3DK、3LDK混在45室、1階店舗、幹線国道に接道した実需向けファミリー用区分分譲物件です。ローンは一部、繰上完済しました。

家賃は当初からほとんど変わらず7・5万円。賃貸後、約21年が経ち、途中、総額100万円程で、2DKの和室を間仕切自在の大きな洋室に、バランス釜のタイル風呂をフルオートユニットバスにリノベーション（詳細写真などは前書で紹介しております）しています。

この物件を売りに出した場合、売却成約想定価格は500万円程度です。表面利回り18%、築38年、45㎡のリノベ&大規模修繕済みの旧耐震オーナーチェンジ区分物件ということになります。

◆建替えおよび一括売却に賛同できない個別事情

一個人大家としての立場は、建替・一括売却より、賃貸継続を希望したいのが私のスタンスです。最大の理由は、該当物件が現建築基準法非適合で、**建蔽率オーバーのため、同じ面積では建替えができません。**

仮に建替た場合、現建築基準法に適合する建蔽率で新建するので、部屋数が減ります。すると、権利処分（売却）して持ち分に応じたお金を受け取れるものの、**建替えたマン**

ションを持てないオーナーが何人か出てしまいます。
実需オーナーさんも２／３、おられますので、住まいを失ってしまいます。外部オーナーの立場では、新しく建替えたマンションを持てなくても、**お金を得てプラスになればいい**かもしれません。しかし、私の場合、**バブル期に高値掴みしたため、プラスになるのは無理**なのです。

簡単に計算してみましょう。

まず、建物と敷地を一括売却し、私が手にできる金額を仮に５００万円（非売却制約想定価格）と仮定します。次に、建替えに区分所有者の４／５以上が同意した場合、修繕積立金から建物の解体費用が出されます。

該当物件の修繕積立金は約９０００万円。解体費用を約２０００万円と見積もると、７０００万円が残ります。

この７０００万円も持ち分に応じて分けますが、単純に45室で割ると、オーナー一人当たり約１５５万円（厳密には持分割合に比例配分されますが、簡単化のため、一律と仮定）です。

そして、これまで回収した家賃総額は１８００万円（単純計算、７万５０００円×12ヶ

月×20年）。以上を総合すると、建替えおよび一括売却では、

500+155=655万円

を手にできて、すでに家賃を1800万円回収しているので、合計2455万円。ですが2800万円で購入しているので、マイナス345万円（税金や維持費は考慮せず）です。

物件を維持して10年、15年と家賃をもらえば、いずれはプラスに転じるときがきます。よって、単純には、**現状維持が望ましい**と計算されます。賃貸も良く、空室の心配はありません。

本物件は、過去2回、大規模修繕を実施し、エレベータ、給水システムは、すでに更新済み。それでも9000万円の積立修繕金が残っています。仮に給排水管の寿命が来て、全更新したとしても、全棟3000万円程度で施工できるでしょう。

つまり、このままホールドし続けても、RC一棟物件を個人オーナーが維持していくような、莫大な個人負担リスクは、まず発生せず、**潤沢な積立修繕金が、私（達）を守って**

くれるのです。

金銭的な損得についてだけ述べましたが、そう判断する理由は他にもあります。該当物件の管理組合が行う毎年の集会では、建替え案は皆無で、大規模修繕の審議に熱心です。事実、過去に2度、大規模修繕を実施しました。実需オーナーの方々は全世帯数の約2／3程度ですが、皆様60歳を越え、現状の生活を平穏に続けることをご希望。面倒な引越しには反対だからです。

外部居住の賃貸オーナーとしては、実需オーナーの方々と対立してまで建替えする必然性が見えません。

また、該当物件に私が昔住んでいて実需オーナーの方々の顔もよく存知あげ、日常生活でもお付き合いが続いているため、修繕維持に反対して建替えを強行し、波風を立てるのはよろしくないという事情もあります。

投資の損得勘定だけで、知り合いの方々のお住まいを奪うわけにはゆきません。そういったことから、現在、建替えの選択はとらず、**東京都の補助金を受けて、住みながらの耐震補強**を行う方向で話が進んでいます。

◆都心部16㎡3点ユニット物件についての選択

読者に広くあてはまるよう、私が運営中の都心部単身者用物件で、今回の法令が適用できると仮定して考えてみましょう。

今回の法令改訂では、マンションと敷地を一括売却しやすくなり、区分所有者は持ち分に応じて売却金を受け取れます。建替えには関与せずともよく、お金だけもらって解散するという選択肢が増えたのはメリットです。

ただし、損得を見極めなければなりません。都心部の旧耐震物件は、16㎡3点ユニットのワンルームが多く、東京都のワンルームの規制条例で、より広い専有面積を確保せねばならず、同戸数でそのまま再建築できません。

結果、何人かのオーナーは権利売却し、建替えたマンションを持てません。

しかし、都心部の好立地物件の中には、今回の法改正で**容積率緩和が適用**されるものがあり、これに該当すれば〝おいしい〟といえるでしょう。

容積率が緩和された場合は、極端な例でいえば、もとの旧耐震マンションは5階建てで16㎡のワンルームが50室だったのが、新耐震では20階建てで25㎡のワンルームを100室に建替えることができると仮定します。

そうなると旧耐震マンションの権利売却後、オーナー全員が新耐震のワンルームを持てるのに加えて、**増えた50室分を売り出した売却金は管理組合を通じてオーナーで山分けとなるので、無料で新築の、より広い部屋が手に入り、さらに儲かるケースも理屈ではありえます。**

ごく簡単に言うと、旧耐震マンションを新耐震に建替えた場合、部屋の広さが同じであれば、もとの物件を権利売却して得た代金程度で新しい部屋が自分のものになります。

大抵は、建物が新しくなる分、負担金は発生すると思われますが建替えで部屋が広くなったら、その分、プラスアルファの代金を支払って購入します。

仮に500万円や600万円かかったとしても、都心で25㎡以上なら10万円近い家賃がとれるので、4～5年で回収できるでしょう。そして、容積率緩和で建物の部屋数が増えれば、利益が出るもしれないということです。

◆区分所有者、区分投資で重要な3ポイント

以上を踏まえて、旧耐震の区分マンション所有者が、建替えおよび一括売却に賛成すべ

きか否かを検討する際、判断基準になるポイントを3つに絞りました。

容積率に余裕があるかどうか調べる

旧耐震物件の容積率を見て、物件の所番地でその数値に余裕があるどうかをチェックし、今より大きな建物を建てられるかどうかを調べます。

OKなら、多少の負担はあっても格安で新築物件を入手でき、戸数が増えれば儲けも期待できます。容積率は重要事項説明に記載されています。

路線価を調べる

ネットを使い、所番地から路線価を調べます。土地分価格がわかり、権利売却したときに、いくらで売れるか推測できます（当然、時価は路線価以上になります）。

持ち分を正確に把握する

持ち分がわかれば、路線価と築年数から専有部の積算金額がわかります。持ち分も容積率と同じく、重要事項説明書に記載されています。

上記3ポイントは、区分マンション投資をするときにも頭に入れておくべきことです。

これ以前に、不動産市場最大の特徴である、市場の非効率性とインサイダー情報を最大限活用して、その物件固有の事情（特に管理組合動向）を収集して、相対取引に生かすことは、前述の事例の通りです。

旧耐震物件に投資して得したいのであれば、容積率に余裕があり、路線価が高い物件が狙い目になります。加えて、修繕積立金をチェックし、多く積み上がっている物件の場合、建物の解体や再建築の原資となり、オーナー負担は無くなります。さらに修繕積立金が余れば、管理組合で引き継ぐなり、オーナーで山分けできます。

修繕積立金が５０００万円ある物件と１０００万円しかない物件があったとして、両物件の販売価格には大きな差はありません。修繕積立金の多寡が、物件価格に正確に反映されていないのも、中古区分物件流通の歪で、旨味になります。

修繕積立金の金額は、物件の重要事項説明書に記載されています。業者に依頼すれば、取り寄せてもらえるでしょう。

◆すでに法令を加味した動きが進んでいる

古い旧耐震の物件は、災害の面でリスクがあるので、これらが建替えられれば、街全体が現在より震災に強い都市となり、新築案件もたくさん生まれて、建設業界も潤います。

一般的には、特に投資用区分物件の建替え事例は、まだないと言われています。しかし、私が昨年まで通勤していた品川再開発地区を一例にしても、区分で中古の売りが出たら買いたいと思って、毎日通勤時、前を通っていた小さなマンションが、いつの間にかなくなり、次々と**高層マンションに建替えられる・・・**。

そのような実例は沢山あり、投資用ワンルーム区分分譲物件の建替えも、水面下では着々と進んでいます（オーナーさんは儲かったので静かにしているため、情報が表に出てこないのでしょう）。

また、投資用区分ワンルームのマイルストーンとして有名な新宿のニューステートメナーなども、建替審議の情報が流れると、10数年前は売値800万円台もありましたが、最近は2000万円を楽に越え、上昇傾向です。すでに、市場の見えざる手は、この改定価値を織り込みつつあるのかもしれません。

建築ビジネス面から見ても、既存権利を維持しての中古物件再生は、様々な権利調整に時間とコストがかかり、個別現場に最適化したソリューションが必要です。

そういったシステムは、一般的に未だ確立されていません。**ビジネス的には、既存権利を引き継ぐより、権利をリセットして、新たに建物を新築した方が、短期利益面では軍配**

が上がります。

一方で、そこに実需でお住まいの方は、夫々の事情があります。外部居住のオーナーは賃貸運営上の事情があります。賃貸での賃借人の方は、建替の意思決定には参加できません。これらすべてが折り合って、初めて再建築が可能となります。

私の専門外なので、今回の法令が、「行政」「建築業界」「賃貸業界」「実需者」「大家」「賃借人」各利権間で、どのような事前審議が、どう成された上で法制化されたのかはわかりません。

しかし、**日本では、戦後以来、新築が奨励され、資金の無い庶民に積極的に住宅ローンを背負わせて、その資金で不動産・建築業界を潤し、お金を世の中に還流させて、焼け跡から急速な経済復興を遂げた、新築奨励思想が定着して**います。

つまり、**法令は、多くの場合、資金量が豊富な人（法令を作る権限のある人達への声が大きい人＝政治献金額が大きい人）の意向で作られる**ということです。

大家さんには、この手の圧力団体はありません。業界の本音としては、権利関係が面倒な大規模修繕をやるよりも、更地にして、建替えた方が、過去戦後70年の延長線上のままのやり方で、儲かるというのが事実でしょう。

「投資」「大家さん」という切り口で、この法令を見と、不動産経営者として利益を上げるとすれば、現時点では、いまだ誰も実行していない、上記の歪みを見つけるか、新しく生まれてくる部分の成長を見つけて投資するかということになるのでしょう。

◆リノベーションで若返らせる

全国590万戸の区分マンションで旧耐震は106万戸、東京都内では24000棟のうち築40年超が2300棟あります。築47年で価値ゼロと見なしては、今後、加速度的に無価値物件が急増してしまいます。

成熟社会のニッポンは、欧米並みの中古流通市場と築古物件を生かす仕組みが必須です。私達大家さんは、その対策と実行をどうすれば良いか？　研究してみましょう。

リノベーションは、前書で1Rとファミリーそれぞれの実験例を写真入りでご紹介しました。その効果と楽しさは、新築物件を自分で企画するのに次いで、大家業の醍醐味といえます。

しかし、実際やってみると、趣味でない以上、コストと品質を両立させるには、それなりに手間と時間をつぎ込む必要があります。やはり、**多忙なサラリーマンの本業とのバラ**

ンスを考慮して、どこまで実行するかを弁える必要を痛感しました。

同じ現金買いで区分とよく対比される戸建賃貸では、いかにリーズナブルなコストで建物を維持できるかがポイントで、そこへ大家さんの時間と労力をつぎ込むのが成功の秘訣であるのは、衆知のとおりです。

1R区分物件は、現場で細かい工事仕様指示などせずに、業者さんへ内装を任せても、狭くて単純なので、工事費は僅かで、長年に渡り、淡々と収益があがる点にメリットがあります。後は、**立地の良さによる入居率に頼り、必要最低限のリフォームでギリギリまで運営**します。

ですから、売却せず、長年賃貸運営を目指す場合、可能な限りは、現状回復に留めます。内装設備はタイムマシンのようなもので、経年変化で、壊れなくとも時代遅れになります。いよいよ競争力が低下すれば、**毎月の管積額の2倍程度までが家賃の下限限界**でしょう。

そうしたら老朽化した内装を挽回するために、伝家の宝刀として、**大規模なリノベやコンバージョン**を行うのが、時間と労力、コストのバランスでは宜しいのではないでしょうか？

立地が良ければ、共用部躯体の寿命は長いので、もう1サイクル運営できます。リノベにつぎ込むコストと家賃の適正比率の目安は、前書でご紹介させていただきました。

趣味でリノベをやるのでなければ、コストと家賃のトレードオフで、賃貸での立地の良さは、そのバランスを改善し、運営可能限界を伸ばしてくれます。

◆古いままでは？

古いままで維持した場合はどうなるのでしょうか。築古物件でも賃料見合いの価格で流通しているデータと実例を含めてご紹介します。今の仕組を支配しているのは、住まいの物理的古さの限界ではなく、融資基準と業界ビジネスシステムです。

●流通価格実例

区分物件の定番のリスクは、「土地が無いので、建物減価償却完了時で計算上は無価値になる」ということでしょう。これは積算価値面では真実です。

しかし、前述のとおり、区分物件の現金市場は、収益還元価値で成り立っています。いくら古くなっても、賃料が取れれば、必ず、それに見合う流通価格が成立します。これを検証するには、過去と現在を実際の物件でデータ分析すれば明白です。

日本最古に属するワンルーム物件、メゾンド早稲田は、ワンルーム業界の草分け、旧マルコーが1977年（築41年）に初めて建てた記念すべきマイルストーンです。RC造5階建、東西線・早稲田駅徒歩10分、

ー2014年9月現在　賃料　5・5万円　売買　518万円（Home's不動産アーカイブ調べ）

ー1999年1月時点　賃料　6万円　売買　600万円（手元マイソク資料）

建替えが管理組合で議決済みの中銀カプセルタワー1972年（築46年）は、僅か9㎡ですが、現在賃料6万円程度、売買価格700万円程度です（借地権物件）。

区分投資家のステータスたるニューステートメナー1976年（築40年）も、最近建物リニューアルされ現在賃料10万円、売買2300万円。バブル前は1500万円程度で、バブル期には1億円近くまで急騰しました。

これは2018年のデータで、わずか数年で1・5倍程度の売値に上がっているので驚愕します。

いずれも、賃料&売買価格とも、新築当時と同等以上です。前書で紹介した赤坂レジデ

ンシャルホテルなども、著名な事例です。賃貸需要があれば、相応価格で流通しているのです。

次に、よく言われるのが、狭いバストイレ一体型（16㎡3点ユニット）は、誰も住まなくなりニーズが無くなるというものです。上記事例の間取りは全てこれです。

私が大家さんをはじめた1995年当時から、そのように言われて、すでに21年が経過します。バブル以前からの老練な区分投資家さんでしたら、皆様ご存知の茨木良介（田中実）先生は、'80年代から、いわゆるマルコー物件を一切売却せず保有していらっしゃいます。

時々、区分大家さん仲間でお会いして、色々お話を伺いますが、ご所有の都心物件は30数年間、空室に悩まされたことは無いとおっしゃっておられます。

私も先生と同じ建物内に区分を1室持っていますが、21年間同様です。つまり、立地と賃料が適正であれば、需要は尽きないのです。**積算が出る郊外のアパートの1Rと、都心の1Rとは、名称は同じ1Rでも、異なる賃貸商品**だと考えた方がよさそうです。

今の時代、**都心部、駅近でプライベートが確保できる5~6万円の住まいは稀少**なのです。バブルの頃、非正規雇用や、ワーキングプアなどの社会現象がこれまでになるとは誰も予想できなかったでしょう。

●老朽化した建物の再生システム動向

物件の寿命は何がネックなのでしょうか？　屋上防水や外壁などは、積立修繕金で何とでもやってきました。書籍などでは、給排水管の寿命＝物件の終焉と言われています。しかし、近年、居住したままで、数日程度の工期で給排水管を再生する色々な工法が商品化されています。

金属球を高圧空気で配管へ送り込み、錆を研磨後、配管内に樹脂を噴霧注入し保護層を形成し硬化させます（図９－１）。東京ビックサイトの建築再生展などでは、毎年、実演されています。**費用は30万円／室程度**です。

また別事例として、築40年の１R物件の埋没配管を露出配管に更新工事した実例も次ページ図９－２にてご紹介します。

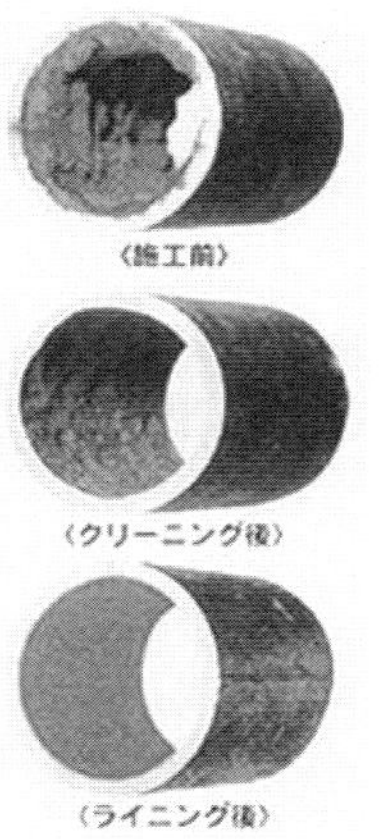

図9-1　老朽化した給排水管の再生事例

もちろん、業界の立場からは、**建物を撤去して新築した方が、管理会社さん、ディベロッパーさん、ゼネコンさんと組んで、利益を大きく取れる**ことは言うまでもありません。

日本の建設業界は新築重視の法制度（減価

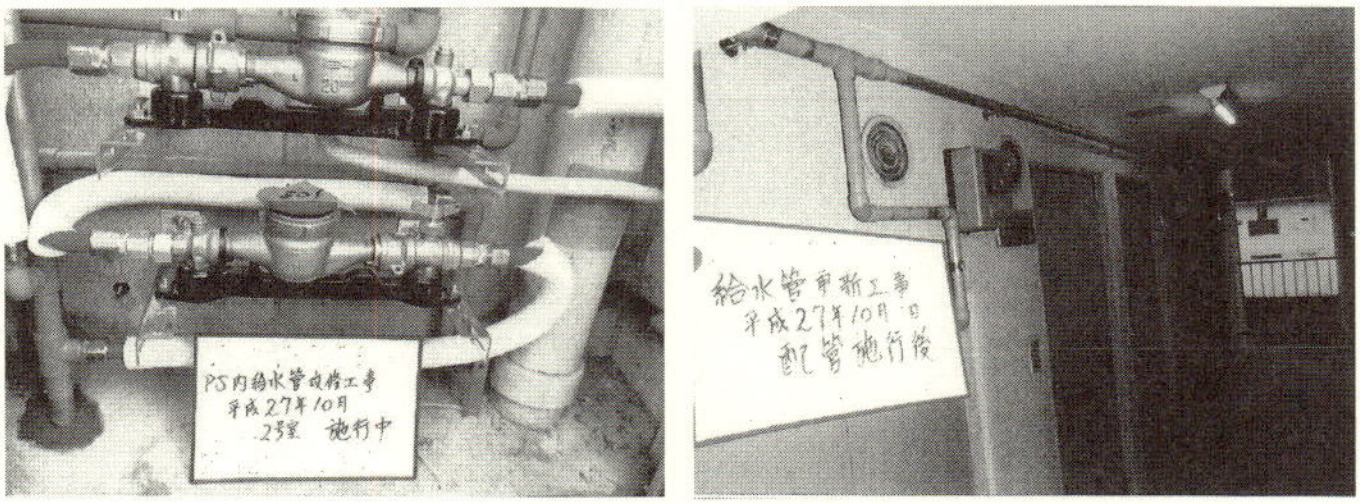

図9-2　埋没配管を露出配管に更新した実例

償却や減税制度）に合わせて、**新築物件でもっとも効率的に最大利益が出るようなビジネスモデルがシステム化**されています。過去半世紀、そういう制度に合うよう、業界から政界&行政に色々と働きかけた結果でもあります。

戦後の焼け野原から、急速復興するためには、こういうルールが一番適していた事情があったのでしょう。しかし、これからの時代もこれが最適ではなくなりました。でも、ルールとシステムが相互に半世紀も自動運転して、誰もそれを止められないのです。

しかし、これが時代に合わなくなってきたことは誰の目にも明らかです。**最近の新築供給数の頭打ちは、このシステムが限界に来ている**ことを意味しています。**業界大手では新築開発部門から、管理・中古流通部門への人的リソースの大移動**が行われているようです。

日本の中古仲介も漸く本格的に効率的な市場へと動きはじめたようです。東京オリンピックが最後の従来型開発になるのでしょうか？

第10章

出口と売却の考え方

「土地の無い区分物件はババ抜きなので○○年で売り逃げろ！」などと書かれている本もあります。果たしてこれは、不変の法則なのでしょうか？

20年間蓄積した客観的データによる科学的・数値分析と、エリア、立地、築年、収益、将来見通し、ポートフォリオ、大家さんの個別事情などを総動員し、多面的に検討を加えてみます。結論には、果たして何が得られるでしょうか？

◆売却する場合

保有し続けるか、売却するならいつか？　は、購入時に収益還元シミュレーションで**ＩＲＲを時間軸で計算すれば方針は決まります。**実行可否は、その後の運営状況変化と、オーナーの個別事情でしょう。

一般論では、都心3区のように、路線価が高いエリアは、家賃だけは利益確定は無理で、売却を前提にしないと買えません。しかし、山手線周辺の私鉄沿線で路線価30万円程度まで下がったエリアは、税引き後の家賃手残だけで、築年見合いで買値を抜ける物件があるので、長期保有も可能です。

融資を使った場合は、毎年の税引き後に手残りは僅かですし、与信枠のリセットが必須なので、売却を前提にペイできる価格でないと、買えません。

売却の判断は、手残累積キャッシュフローと投下資金改修速度で決まります。ファミリー分譲タイプは、広くて設備が多く、共益費負担割合も高く、ワンルームに比べて家賃に占める維持費の割合が大きい（退去時現状復旧も含む）ので長期保有にはコストがネックです。

図10　エリアによる最適投資戦略検討図

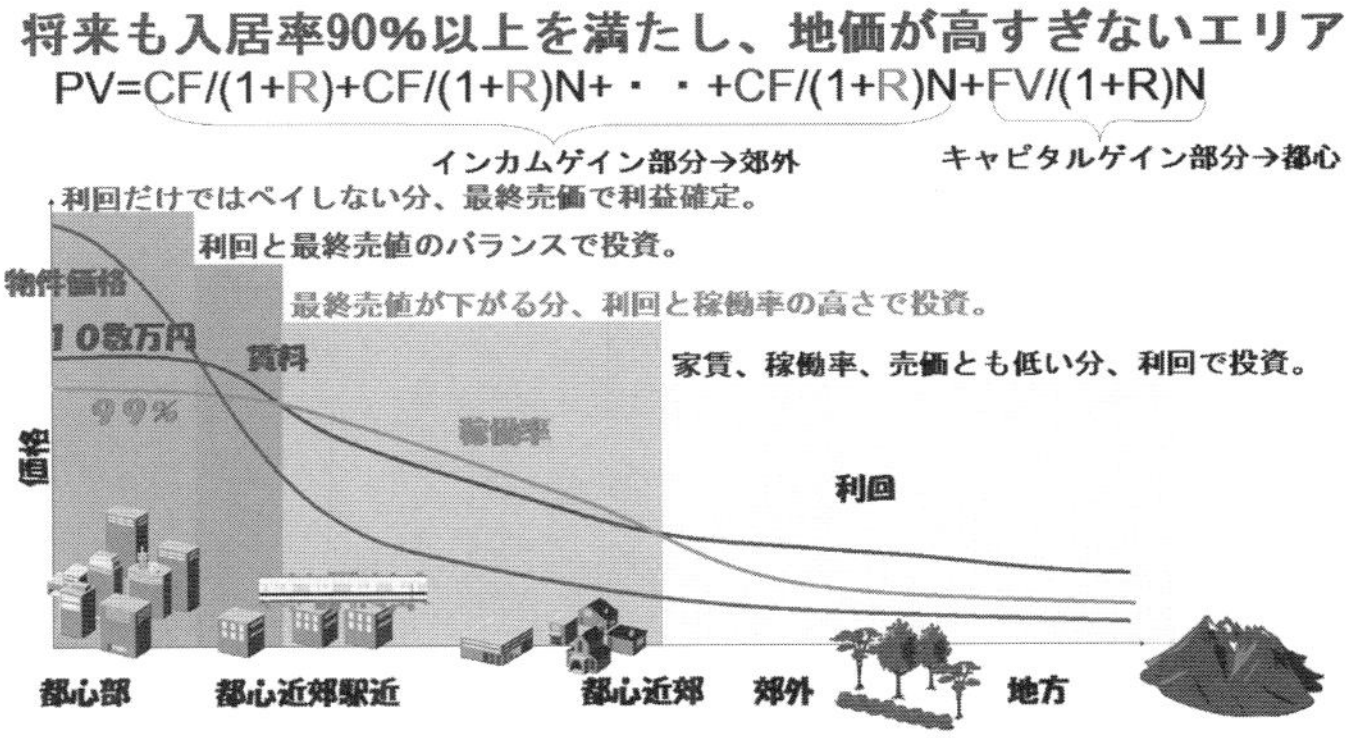

売却を前提にしないと、家賃収入だけでの利益確定は非常に長期間かかってしまいます。そこで、オーナーチェンジ購入、実需へ売却という裁定売買の定石手法が生きてきます。

また、どんな物件を長期保有中であっても、オーナーさんの事情で、時間を加速したい場合、将来10年間分の税引後手残CFと同等額程度のキャピタル益で売却できるなら、売るのが合理的です。

あるいは、購入時の物件環境から変化があり、将来の見通しが暗くなった場合です。

- **ネット利回がグロス利回の70%を切り、管積が家賃の30%より上がる**
- **向こう10年、積立残が50万円／室を切り建物の状態が悪化見通し**

・賃貸商品としての将来見通が悪く、自助努力が難しい
・周辺環境の急速な悪化（会社が学校の移転閉鎖など、賃貸需要の激減、災害など）

バブル以来の事例を拝見していると、持ち続ける先輩の方が生き残っていらっしゃる方が多いように思います。あるいは、売買中心の方は、不動産は綺麗に処分して、全く違う方面の投資へ乗り換えられたのかも知れませんが・・・。

◆物件無料で差し上げますの威力！

売却の究極はゼロ円でネット上に売却情報公開することです。実際、これをやってみたところ１０００名以上から買い（？）が殺到しました！

立地は神奈川県大和市、駅徒歩10分程度の家賃２・６万円の１Ｒ区分です。詳細事例は**楽待サイトの「楽待新聞」橘みきさんの特集コラム**でご覧いただけます（私もサポートさせていただきました）。

ちなみに、２０１３年に橘さまが無料ゲットされた時の売出価格は２００万円。前述手法の積算試算値は２１４万円。郊外（路線価10万円／㎡）の立地なので、都心よりも積算

＝流通値に接近してくるのです。

橘さまがアベノミクス真っ最中10月に「楽待」の売却査定を行ったところ、複数の業者さんから買取110万円、仲介200万円超の提案がありました。この時、同棟内他室の成約事例は150万円、195万円でした。ほぼ前述の理論通りの展開です。

このエリアですら、この実績ですから、**区分物件の出口の硬さ**を改めて認識させていただきました。賃貸が問題なければ、価格次第で無料でなくても、必ず買手さんはいらっしゃいます。

◆出口判断のリテラシー

投資には出口が必須です。出口とは、投資目的の達成と利益確定です。決められた期間で投下資金に対する利益を最大化するプロの投資には、最後、売却して全ての資産を現金化、利益確定し、投資家へ還元することが必須です。

個人がプライベートな目的で大家業を行う場合、その目的によっては、必ずしも、出口は売却とは限りません。ホールドして家賃収入を継続しながらでも、目的が達成されたときが、一応、出口に到達できたと考えられます。

先に、大家業は、八百屋さんや、魚屋さんのような、安定経営の現金商売を目指す。という考え方もあると、申し上げました。これらの商店が出口戦略と称して、お店を売却することは目的が異なってきます。

あるいは、職人の親方さんが、手間賃よりも効率が良いからと、職人の魂である大工道具を転売して利益を上げるのも一寸違いますよね(道具屋に商売変えしたなら別ですが・・・)。


私の場合は、毎月の家計支出を常に上回るキャッシュフローが目標でした。母の介護&医療費用(月額20~60万円)、子供の教育費(塾代、大学受験、授業料=月額10数万円以上)、家族の生活費(月額30~40万円程度)の出費です。

更に、物件の維持費(管積、月額40~50万円=将来の建物維持修繕費の先払い・:1億円を3%で30年ローン返済する元利返済額にも匹敵する毎月の強制キャッシュアウトなので、今後更なるリスクヘッジを検討中)、専有部維持費(突然の退去や設備故障に備えて月額0~50万円程度のマージン)、固定資産税(年額150万円程度)、ポートフォリオ新規物件購入余裕(売らずに買足す資金積立、目標月額100~150万円)等もあります。これらを毎月、安定的に家賃収入のキャッシュフローだけで維持できる状態を、大家業の一応の目標としました。20年間が経過し、漸くですが、この体制を築くことができました。

物件を買う以外の支出（臨時維持修繕も含む）は必ず月内の家賃以内で処理し、ストック資産は物件購入以外、切崩さないようにします。

複数の退去や大きな修繕、母の高額医療費が発した月は、毎月分の物件購入資金積立金額を減らして充当します。こうすれば物件の購入速度が落ちるだけで、ストック資産には手を付けませんから減りません。

このキャッシュ循環システムが設計通り回っている限りは、物件を売却する必要性がありません。むしろ、売却によって、安定動作しているシステムの構成要素を切崩して組替えるリスクの方が大きいと考えます。

半数近い物件は、買値無料、すなわち購入資金を累積キャッシュフローが抜いて、理論的には利益確定してリスクゼロの物件になり、引き続きキャッシュを利益として積上げ中です。つまり、ポートフォリオとしての目的システムが築け、出口に到達できました。

アベノミクスの今、理論的には全物件を売却するのが、利益を短時間で最大化できることは、間違いありません。しかし、そうすることは、20年かけて築き上げたシステムを全部リセットすることになります。

これが会社としての不動産事業であれば、果敢にチャレンジを挑み、株主の資本を最短で最大に運用経営するのが社会的義務です。

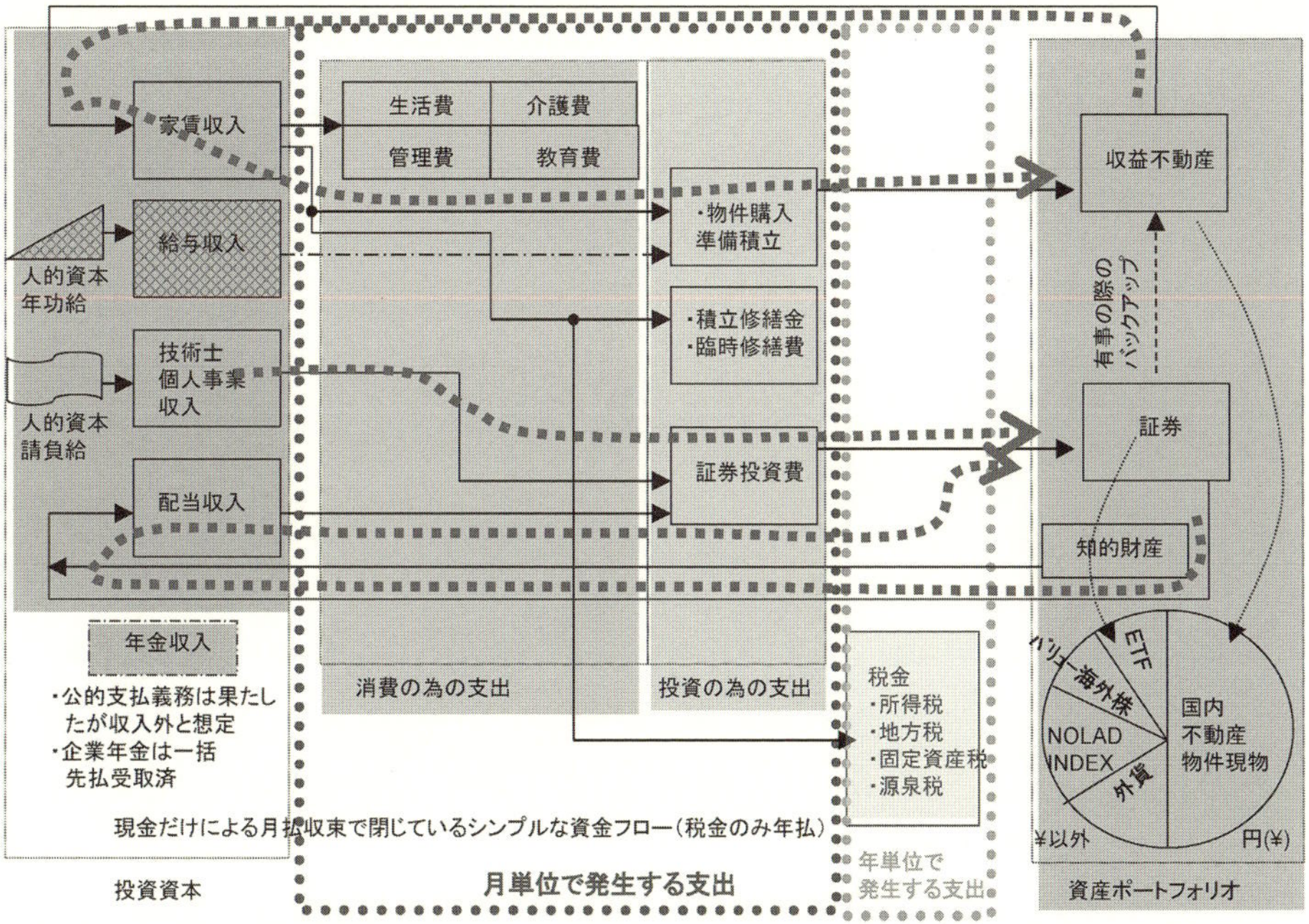

・・・給与収入は定年退職で無くなる予定
これが無くなった影響⇒物件購入速度が落ちるだけ、システムは崩れない

図11　20年間で築いた出口目標・芦沢家個人事業システム設計図

しかし、**家族の生活を目的とした個人事業**では、状況は異なります。事業経営そのものが目的ではなく、**大家業の他にも本業があり、自分の専門分野の好きでやりたい仕事もあります。**

ですので、**時間と利益を追求するのではなく、将来に渡るキャッシュフローの安定性と注入時間&手間の最小化を目的と**しています。

ただし、防御ばかりで、**進化しないものは滅びます。再投資分のキャッシュフローを何に投資すべきか？**　不動産物件に投資するなら、従来どおりの区分でよいのか？　方針を変えるべきか？　は、常に研究が必要と考えています（詳細後述）。

◆価値分析実例での出口検証

ここでは、実際にアベノミクス真っ盛りの昨年から今年にかけての相場を踏まえ、私が実際に購入した物件や、他の様々な**実例の価値分析をご一緒にやってみることにより、出口実験**をしてみましょう。

【ケース1　吉祥寺】

●物件概要

10年以上のお付き合いのあるL社さんの非公開上流物件でした。情報をいただいて、週末に情報が入ったので、直ぐにネットで物件名から前述のような調査を行い、自作シミュレーターにかけてOK判定をし、物件を抑えていただくように電話を入れました。

・JR中央線、京王井の頭線　吉祥寺駅　徒歩15分
・1991年築、5階建RC、1階部分　18㎡　1K
・家賃6・5万円、管積0・9万円
・成約価格　610万円、グロス12・8%、ネット11%
・30歳代女性正社員OLご入居中
・ご高齢オーナーさんの資産現金化目的ご売却

前書で2011年に吉祥寺駅徒歩30分、家賃5万円の物件を390万円で購入したとご紹介しました。この物件は空室募集をすると、内装工事が未着手の募集1週間で、賃貸が

付きます。

予期した需要でしたので、より駅に近い、今回の物件が出たので、敢えて売手市場で相場が高騰している今でも、これを逃すと物件が出るチャンスが少ないと判断し、前よりも、良い立地だったので、かなり高めでしたが無理して購入しました。

ちなみに**前書で紹介した390万円の同棟内他室が2015年時470万円で売れているほど、アベノミクスで売手市場**になっています。

今回の物件の積算価値は前述の簡易試算法では、路線価30万円、5階、30室なので土地255万円、建物140万円で計395万円となります。

●未来を予想する

吉祥寺は、中央線では新宿に次ぐ乗降客数2位の座を、立川に抜かれて、現在は3位ですが、両方のスポットに物件を持って比較実験してみると、やはり吉祥寺のブランドは圧倒的です。

これは将来10数年では揺るぎようもありません。今後、**都心部に凝縮特化したオリンピック開発が行われれば尚、住みたい人気は加速**するでしょう。

将来に渡って、**家賃下落は少なく、稼働率は低下しにくく、売却価格も、家賃と賃貸需**

図12　吉祥寺シミュレーション（厳しいパラメータでの最悪想定計算）

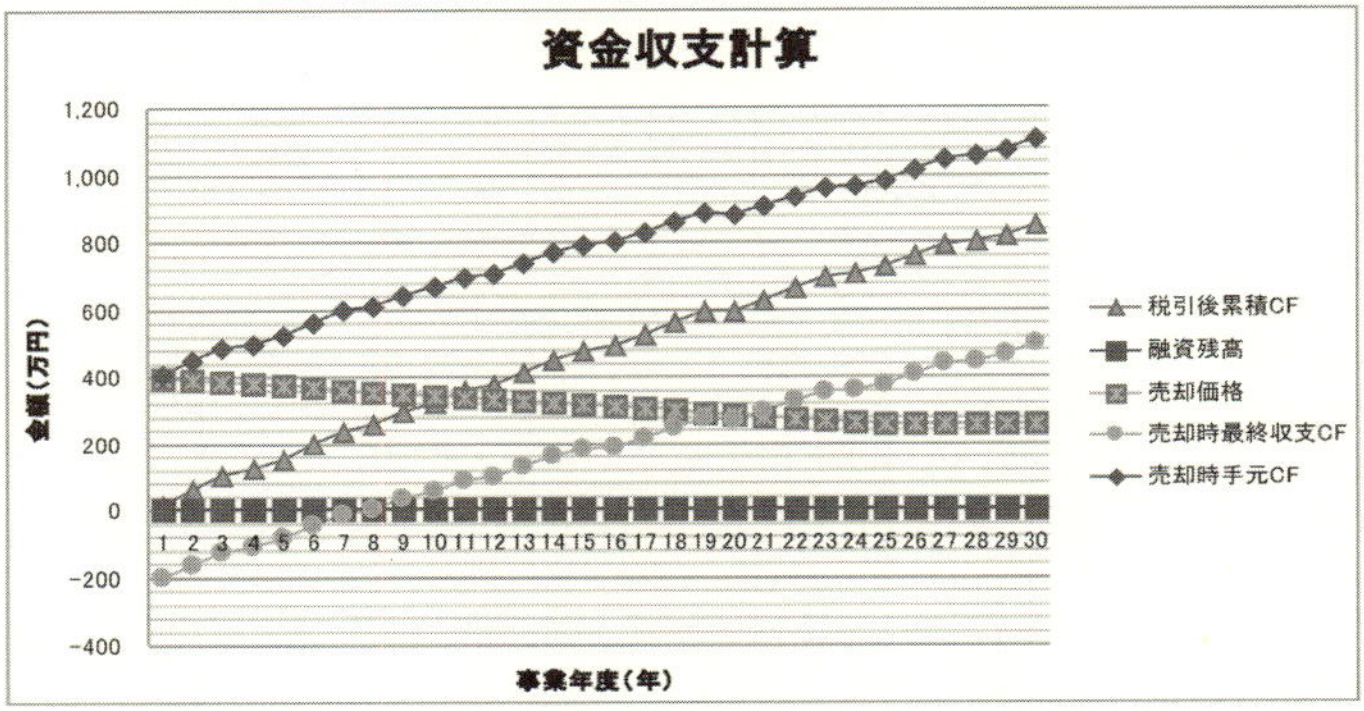

稼働率95％、家賃低下率1％、退去時内装費20万円、設備維持15万円／5年、税率（所得23％、地方13％）、固定資産・都市計画税3.3万円
賃貸募集（手数料＋広告料＋フリーレント＝計3ヶ月）
吉祥寺の立地としては、かなり厳しいパラメータ

要に下支えされることが容易に予測できます。

図12は稼働率95％、家賃低下率1％／年で計算したものです。税引後（税率36％で計算）ゼロ浮上が20年後の築42年時です。家賃は5・37万円に低下。その時点で、積算価値は284万円に減価償却している計算です。

仮に（最悪想定として）積算額で売れば累積CF594万円＋売値284万円＝878万円が手元に残ります（維持費は退去時復旧20万円、設備費15万円／5年、募集手数料＋広告料＋フリーレント料＝計3ヶ月とかなり多目に計算）。

ここで読者の第六感を働かせてみて下さい。吉祥寺駅から徒歩15分の1Kは20年後でも5・37万円では、まず貸せるでしょう。ある

図13　吉祥寺シミュレーション（過去の経験値から現実に近いパラメータで計算）

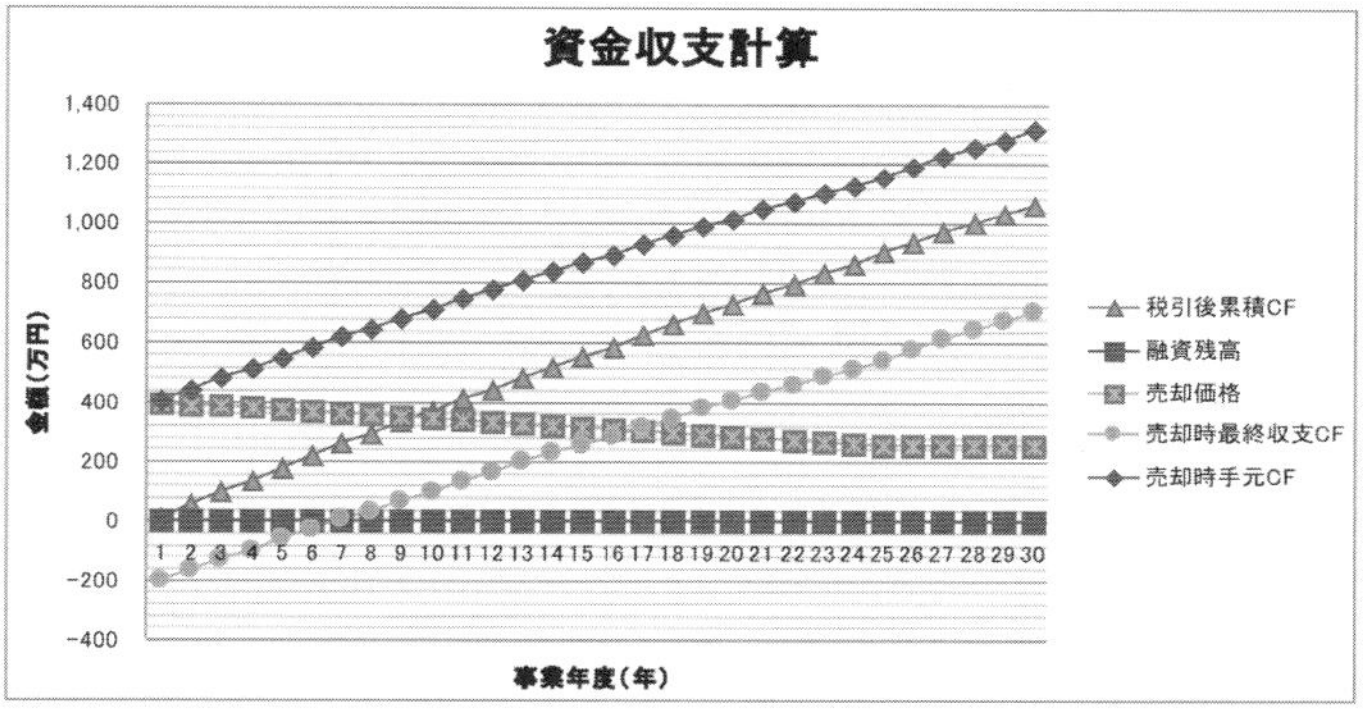

稼働率98%、家賃低下率0.5%、退去時内装費10万円、設備維持10万円／5年、税率（所得23%、地方13%）、固定資産・都市計画税3.3万円
賃貸募集（手数料1ヶ月）
筆者の過去20年間、他物件での実績値をパラメータとした。

いは、もう少し高くても付くでしょう。賃貸付経費もこれほどはかかりません。売買価格も284万円（表面利回22・7%）はあり得ず、現時点の築古物件売買事例から、吉祥寺でしたら400~500万円では売れるでしょう。

この想定から、もう**少し実態に近いパラメータでシミュレーション**してみましょう。

図13は、は**稼働率98%**（2年間入居後に退去して2週間の空室で付く）**家賃低下率0・5%／年**、敷礼は念のためゼロゼロ。礼金と広告料は無くても賃貸付するようにし、**内装費を10万円／2年、設備保全費を10万円／7年**と仮定します。

このパラメータでは**16年目でゼロ浮上**しま

表1　吉祥寺、図13のシミュレーションパラメータ詳細

大項目	小項目		数値	単位	数値根拠
	開始年度		2014	年（西暦）	物件購入年
物件	築年数		1991	年	物件新築年
	物件価格		610	万円	購入価格（手数料別、消費税込）
収入	家賃		6.5	万円／月	購入時月額家賃
	低下率		0.5	%／年	都心部1%、周辺部1.5～2%。（書籍参照）
	稼働率		98	%／年	都心部95～98%、周辺部90%程度。50室で5室募集中なら90%。2年間で2カ月空いたら91.6%
	礼金		0	万円	最近は礼金ゼロが一般的になりつつある。
融資	借入額		0	万円	ローン融資額
	金利		1	%	公庫は1.7%程度。駿河は4.5%程度。一般銀行は3%程度。ノンバンクは高め
	融資期間		30	年間	公庫は10年、一般銀行は建物の残存償却年数（47年-築年数）、個人属性＆与信による
支出	管理費		0.45	万円／月	毎月、管理組合への支払い管理費
	積立修繕金		0.45	万円／月	毎月、管理組合への積立修繕金
	その他		0	万円／月	借地の場合の地代、建物給湯費等
	専有部管理費		0	万円／月	専有部管理不動産業者への手数料。自主管理の場合はゼロ
	登記費用	10	10	万円	購入時の登記費用（1Rクラスは一般的に10万円程度）
	損害保険料	2	2	万円	火災保険、地震保険、賠償責任保険等（1Rは10年で2万円程度）
	内装費用	20	20	万円	退去時の内装費（相場は書籍参照）、必要に応じ夜逃げ等のリスク費加算。（書籍参照）
	設備保全費	15	10	万円	エアコン、給湯機、コンロ、水回保全等の故障修理費（書籍参照）
	賃貸仲介手数料	1	1	ヶ月	毎年下落して行く家賃の1カ月分と仮定
	広告料	1	0	ヶ月	同上
	フリーレント料	1	0	ヶ月	同上
	不動産取得税	3	3	%	同上
	大規模修繕費総額		3000	万円	建物全体で管理組合が支払う大規模修繕費用実施総額（書籍参照）
税金	所得税率		20	%	損益通算後の税率
	地方税率		15	%	損益通算後の税率
	固定資産税率		1.4	%	
積算	路線価		298	千円	http://www.chikamap.jp/などで物件住所から検索
	専有部面積		18	㎡	
	総戸数		30	戸	建物全体の総戸数
	建物階数		5	階	建物の階数
	新築時坪単価		500000	円	RC物件は、50～60万円／坪が相場（書籍参照）

す。この時点で、家賃6・03万円、築38年、積算価値308万円で売却すれば表面利回23・7%。これでは、一瞬で買手が付くでしょう。500万円で売却しても表面利回14・5%は買手に魅力です。**売手の手元キャッシュは585＋500＝1085万円**です。

16年後、どんな市場になっているかわかりませんが、売却すれば、計算上は1085万円程度のキャッシュが手元に残りそうだと、予想できます。もちろん、**引き続き保有することもまだまだ可能**でしょう。

●実績検証

読者は、上記の値をどのように、評価されるでしょうか？

表2　吉祥寺、シミュレーションパラメータ（表1の続き）

※表1の続き、この表を年数延長すれば図13のグラフができます。

年度					**2014**	2015
事業年度					1	2
築年					23	24
		条件	パラメータ	単位		
初期投資						
	築年（年）		**1,991**	**年**	23	24
	残存年数（年）		24	年	24	23
	建物評価（万円）	2014	139	万円	139	133
					139	133
	建物時価（万円）		215	万円		
	物件価格（万円）		**610**	万円	610	
	路線価		30	万円	30	30
	土地取得額（万円）		395	万円	395	395
	土地評価額（万円）		255	万円	255	255
	小計				610	
収入						
	年額（万円／年）		78	万円	78	76
	月額（万円／月）		**6.5**	万円	6.50	6.47
	低下率（%／年）		**0.5**	%	0.5	0.5
	稼働率（%／年）		**98**	%	98	98
	礼金（4年毎）	1か月分	**0.0**	万円		
	更新料（2年毎）	1か月分	6.5	万円		6.5
	小計				78	83
	表面利回		12.8	%		
融資						
	借入総額（万円）		**0**	万円	0	
	金利（%／年）		**1.0**	%		
	融資期間（年間）		**30**	年		
	返済額（万円）			万円	0	0
	返済利息（万円）			万円	0	0
	返済元本（万円）			万円	0.0	0.0
	融資残高（万円）			万円	0	0
支出		下記は統計標準値				
	管理費（万円／月）		**0.45**	万円	5.40	5.40
	積立修繕費（万円／月）		**0.45**	万円	5.40	5.40
	その他（借地料、給湯費等）（万円／月）		**0.00**	万円	0.00	0.00
	専有部管理費（万円／月）		**0.00**	万円	0.00	0.00
	仲介手数料	3%＋6万円＋税	26.2	万円	26	
10	登記料	概算10万円	**10.0**	万円	10	
3	火災保険料、地震、賠償責任	概算3万円	**2.0**	万円	2	
20	内装費	4年毎	**20.0**	万円		
15	設備保全費	7年毎	**10**	万円		
1	賃貸仲介手数料	4年毎・1カ月分	1	ヶ月		
1	広告料	4年毎・1カ月分	0	ヶ月		
1	フリーレント料	4年毎・1カ月分	0	ヶ月		
	不動産（土地）取得税	取得価格*3%	**3**	**%**	9	
	固定資産・都市計画税（土地＆建物）	評価額/6*1.4%	**積算IF12**	万円	3.1	3.1
	小計				61	14
	ネット利回		11.0	%		
	総合利回		10.5	%		
	税引後利回		7.4	%		
税引前CF				円	17	69
	返済利息（万円）			万円	0	0
	返済利息のうち、土地取得相当分（万円）		0.65	万円	0	0
	税引前CF－利息分（建物）			円	17	69
減価償却	減価償却費			万円	15.5	14.2
	建物（70%）	0.042	150.7	万円	6.3	6.3
	内装設備（30%）15年間	0.142	64.6	万円	9.2	7.9
	内装償却残			万円	55.4	47.5
	税引前CF－利息分（建物）－建物償却費				1	54
課税対象額				万円	17	54
	税金					
	所得税	0	**20**	**%**	3.3	10.9
	地方税		**15**	**%**	2.5	8.2
	法人税	35.6%（実行税率）	0.0	%	0.0	0.0
	事業税	0.7%	0.0	%	0.0	0.0
	法人県民税、市民税	法人税額の12.3%	0.0	%	0.0	0.0
	消費税（仕入と販売の差分）		5	%		
	小計			万円	5.85	19.07
税引後CF					11	50
税引後累積CF（除物件費）					621	670
税引後累積CF					11	60
表面資金回収残					−532	−449
税引前資金回収残					−593	−525
税引後資金回収残					−599	−550
融資残高					0	0
累積手残CF					11	60
売却価格	土地評価額＋建物時価評価額				395	389
売却時手元CF					406	449
売却時収支CF（除物件費）					−204	−161

実際、タイムマシンで17年後の未来へは行けません。そこで、**私が17年間運営した他物件の実際の実験値**をさかのぼってみましょう。詳細を知りたい方は、私の前2作「中古マンション投資の極意」「中古1Rマンション堅実投資法」をご参照お願いいたします。

田園都市線、用賀駅4分の1982年築16㎡3点ユニット1R、家賃6・3万円、管積0・8万円を1999年に630万円で現金買いしました。2016年時では、家賃5・8万円で、204ヶ月間の空室は5ヶ月間でした。

この事実から家賃下落0・5％／年、稼働率97・5％が実績値となります。内装費は2回の退去で計15万円。設備費はエアコン交換10万円。ユニットバス漏水修理15万円。シミュレーションでは内装30万円、設備60万円と仮定したので、実際は17年間で40万円でした。建物大規模修繕は積立金範囲内で実施しています。

売買価格は17年間、同棟内を見続けて来て、市場が底値の2000年当時でも**600万円を切ることはありませんでした。2015年時、6・3万円で賃貸中の他室が880万円で売りに出ています。**現時点の築32年理論積算価値は309万円です。

市場価格は積算価値の2・85倍、現在&将来の収益期待値で値付けされているのです。

おそらく、**アベノミクス相場の今でしたら満額に近い価格か僅かの指値で成約**することでしょう。

景気変動はありましたが、**この17年間の実験値から、上記のシミュレーションは、現実と比較して、売値、維持費、劣化率共に、かなり硬い計算であることが検証**されました。同時に未来を予想した第六感も、現実から、さほど外れて居ないことが実証されました。

この点も前述の区分独特のボラティリティーの低さのメリットです。

【ケース2　練馬】（セミナー参加者の事例）

セミナーへご参加の大家さんで、「中古1Rを現金買いしたが失敗したかも？」とおっしゃっていた事例を分析してみましょう。

・練馬区、西武線&大江戸線　駅徒歩5分程度
・1991年築（築後23年）
・10階95戸、5階部分、21㎡
・家賃7・5万円、管理費0・8万円、積立修繕金0・3万円
・買値　1000万円、オーナーチェンジ
・売値　900万円、運営期間5年、入居率100％、家賃下落無し。

・積立修繕金残高　１０００万円
・固定資産税　約３・３万円／年

グラフでは、積算価値３００万円の線に対して、実際は９００万円で売れたので、税込最終利益は１５０万円程度です（これだけ積算と売価の乖離が大きいのは賃貸が良いことを示しています）。

オーナーさんの自己分析では、年間90万円も家賃が取れても、管積と固定資産税で食われて、５年出口で、たった１５０万円の利益、ＩＲＲ＝１５０万円÷１０００万円÷５年＝約３％／年なので、区分の現金買いは儲からないとのご評価でした。

売却目的は、一棟物件購入の資金捻出とのことなので、手元キャッシュが１０５０万円でき、この点では成功と思われます。

ＩＲＲが低かった原因は、買値が高すぎたから他なりません。前書の「価格体系図」を参照されてみて下さい。この物件の積算は路線価35万円として購入時積算３４０万円程度です。買値１０００万円はこの約３倍であまりに高すぎます。

これが懇意の業者さんからの非公開上流物件でしたら、７００万円程度で十分購入可能でしょう。すると、同じ売タイミングで、出口利益は４５０万円程度になります。ＩＲＲ

図14　練馬事例シミュレーション

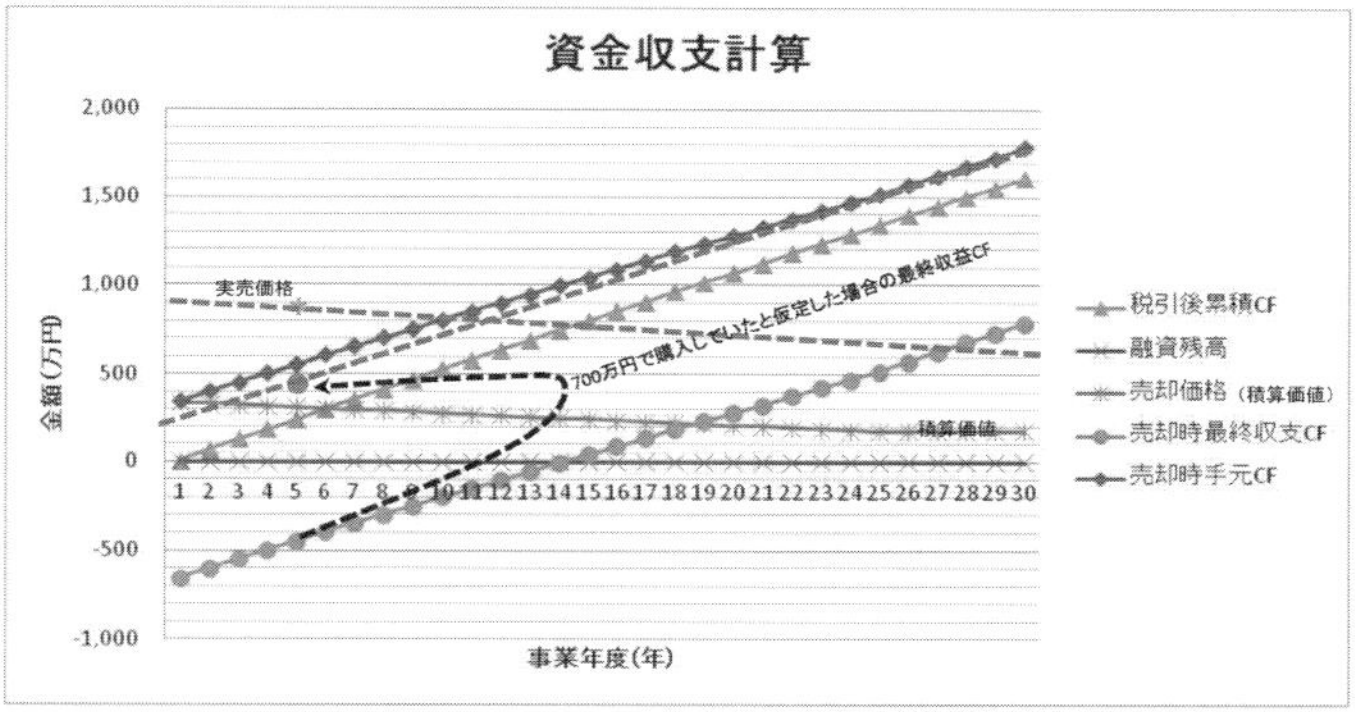

シミュレーショングラフに実際に想定される売買価格をプロットしてみた。相談大家さんが700万円程度で物件を購入していれば、上記点線の運営状況となっていた。買値が高すぎたため、自らグラフを下方向へ引き下げたことが、利益が少なかった原因。

＝450÷700÷5＝12・9%／年（売却税引前）となり、レバ無しの現金買投資としては良い値です（図14参照）。

買値が余りに高すぎたのが原因で「区分の現金買い」という方法が間違っていたわけではなさそうです。修繕金も、組合に寄付を積増しただけで、折角の潤沢な積立額をご自身では残念ながら享受できていません。購入後、全く手がかからず、「退去も無くて賃貸が楽！」と言っておられました。

一棟物件購入の目的が無いと仮定すれば、立地とグレード、修繕金状況から、この物件は、もう少し安く買って、あと5～10年ホールドしていると、自然と利益が積み上がり、売っても良し、貸しても良し、あげても良しの状態になれたと推定されます。

個人事情を敢て、無視していえば、高く買いすぎ、早く売りすぎました。でも、**一棟へのステップアップのチャンスを掴むキャッシュを作ってくれた投資としては成功**でした。

◆新築区分1Rを30年間のデータでみる

１９８０年代からの元祖・区分マンション兼業サラリーマン大家さんの大先輩、茨木良介（田中実）先生は40年の現役を全うされ、今は投資生活に御活躍で、時々お会いして情報交換させていただいています。

先生がお持ちの物件内別室を、私も２００２年に中古で現金購入して賃貸中です。**先生から伺った実際の運営データをモデルに、新築以来からの30年間実績をシミュレーション**してみました。

・世田谷区下北沢エリア　某駅徒歩10分程度
・１９８５年築
・４階50戸、16㎡、１Ｒ

新築時家賃8万円、現在6・8万円
(管込、下落率0・5%/年、稼働率98%/年:30年間の実績値)
(’95年程度までは敷礼=2/2取れていましたが全期間0/0で計算)
・管理費0・5万円、積立修繕金0・3万円
・路線価　40万円/㎡
・新築時　1200万円
(ローンを使った場合の条件　元利均等6%、30年返済、’85年当時)
・想定売値　30年間の概要相場をプロット(2014年値はネット調べ)
・維持コスト　内装10万円/8年、設備15万円/10年、固定資産税5万円/年
・建物共用部は、積立修繕金で大規模修繕実施、個別負担なし。

先生は、今も賃貸されており、私も満室で順調です。特別の賃貸付活動は何もしておらず、代行管理にまかせています。これが「シモキタ」のメリットです。

新築時、**現金で買ったとすると**図14です。現時点で1500万円程度のキャッシュが手元に残り、元手+300万円です。売れば、手元キャッシュは2200万円に増えます。つまり、**’85年当時は、新築でも現金購入なら30年スパンで83%、1000万円利益**

図15　1981年に下北沢エリアの新築1Rを
現金で購入した場合のシミュレーション

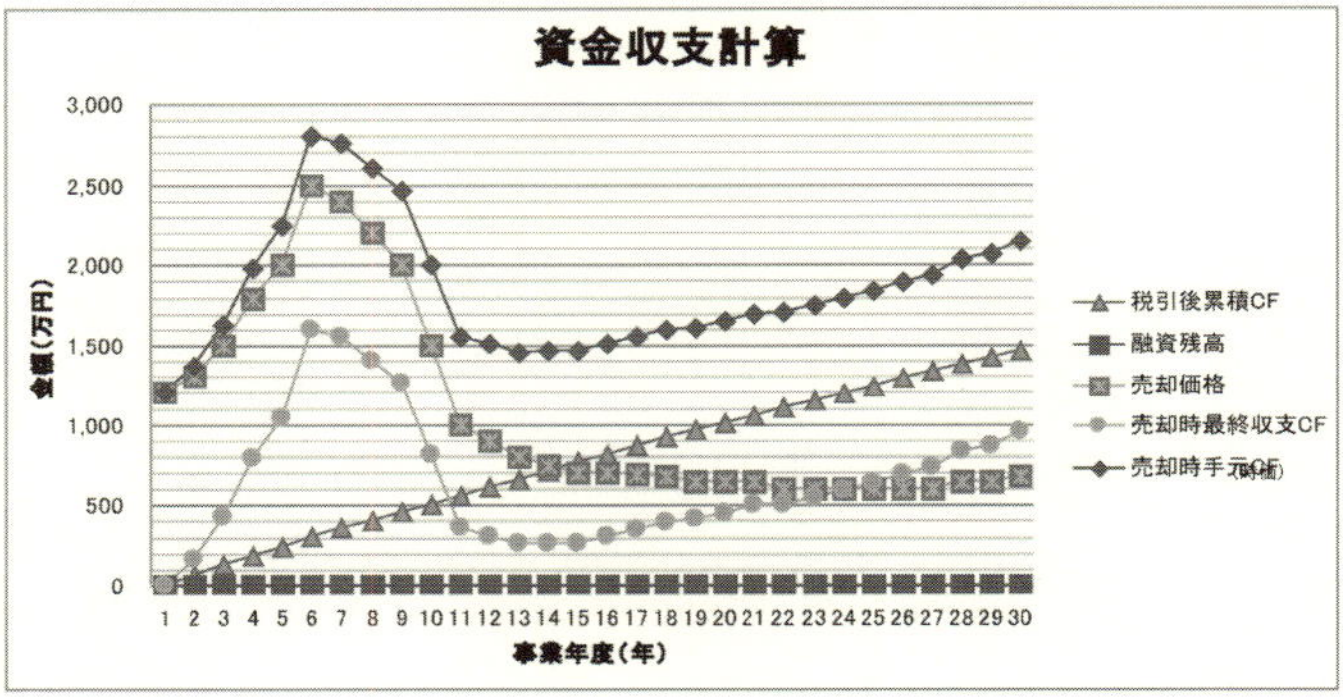

図16　1981年に下北沢エリアの新築1Rを
フルローンで購入した場合のシミュレーション

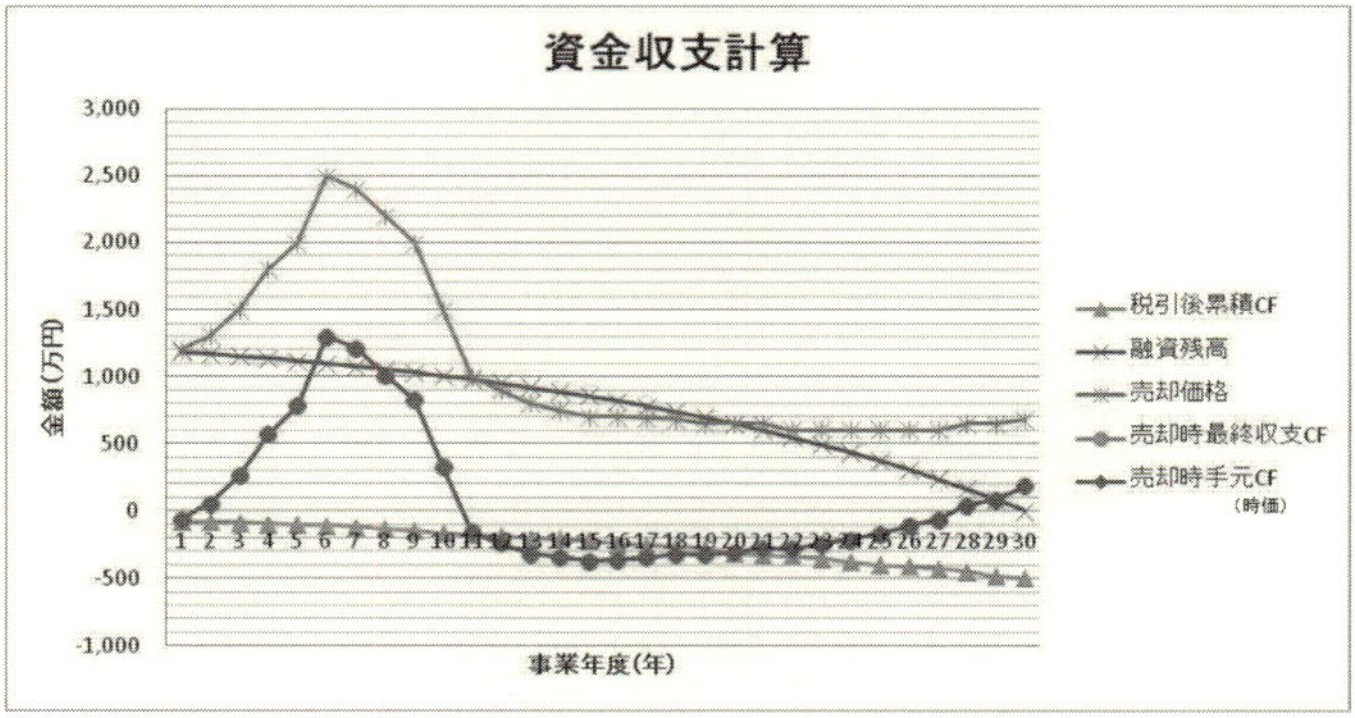

確定できます。

フルローンだったとすると、当時は金利6％、30年元利均等返済で、図15です。バブル時売れば大儲け。崩壊後10年程度は、売却してもゼロ浮上できませんでした。

その後に売れば、利益確定可能。今は30年ローンを丁度返し終え、未だ築30年ですから、このまま賃貸し続けても、「シモキタ」の立地ならマイナス500万円程度の累損ＣＦは今後のインカムで挽回できるでしょう。時間を加速するなら途中で売ってもＯＫです。

流石にイールドギャップ２％の投資は厳しいですが、新築の建物寿命の長さで、長期戦へ持ち込め、売却で、何とかゼロ浮上、勝敗はやはり買値（＋金利の低さ）と許容時間なのです。大切なのは、やはり**物件の理論価値を見極め、時間軸で正確なパラメータによるシミュレーションをして、数字で定量判断**すべきです。

◆出口を迎えつつポートフォリオ全体での購入基準

ポートフォリオの規模が大きくなると、一部では出口を迎えつつ、一方で購入することもあります。部屋数とキャッシュフローが増えた状況で、区分物件を追加購入する場合、初期の頃とは異なる見方も大切になってきます。

ネット利回り÷表面利回り ができるだけ１００％に近い

ことを追求し、**単独のネット利回りにこだわらない**という考え方も、特に最近のアベノミクスのような市場では、このレベルに到達した大家さんが、良い物件を逃さないコツだと思います。

今振り返ると、10数年前の数十万円の指値は、長い時間に埋もれ、今は、全く見えなくなっています。

むしろ、毎月の管積みのキャッシュアウトが、空室時や将来家賃下落に対して、数量効果でキャッシュフローと資金繰りにマイナスに効いてきます。

物件数が増えた場合、トータルで考えると、個別の利回りを追求するより、**長期安定的にネット利回りのボラティリティーが小さい物件の方がポートフォリオに与えるマイナス効果が少なくなります。**

新規購入で個別の表面利回を追求する方が、余計なマイナスリスクを背負いこむことにもなります。

◆振り返ると間違っていた・・・当時の私の出口価格予想

15〜20年前、私が狙っていた下北沢、自由が丘、恵比寿、学芸大、都立大といったホットスポット内1Rは築15年位で700万円台、家賃7万円程度でした。それらは現在、700〜800万円、6万円台です。

当時は数10万円の指値が通らず、かなり買い逃しました。もし、買っていれば、単純に家賃だけでも 7万円×12ヶ月×15年＝1260万円 を手にしていました。

今、振返ると**ホットスポット物件の収益還元価格は未来の築年に関係なく買えた**ということです。つまり、私の当時の未来予想は「チキン」になりすぎて間違っており、僅か数十万円にこだわり、1000万円以上の機会損失を被りました。

第11章

財政破綻と大地震に備える

ここまでご紹介してきた中古区分物件の現金買手法を振り返ってみますと、最大のリスクは首都圏巨大地震と、日本国財政破綻による円（国債）の暴落でしょう。

一般に、リスクヘッジ手法は、逆に値動きする仕組みを作り、同時保有し時間差で利益確定するか、値動きの相関性が低い（バラバラに変動する）ものに投資するかの、何れかがポートフォリオのリテラシーです。

◆ポートフォリオ構築リテラシー

アベノミクスによる財政赤字は、ハイパーインフレで国庫借金をリセットする以外、**挽回不能**との説があります。過去の歴史に見られるように、**経済破綻の数年後は、通貨安による国際競争力アップで、V字回復しています。その数年間を持ちこたえればよい**のです。

個人レベルの場合は、個別最適で正解がありません。先に、私の場合の出口は売却だけではなく、個人大家業としての家計収入システムの完成が目標と申し上げました。結局リスクヘッジもそれに添って構築することになります。

キャッシュフローの分散ポートフォリトのゴールを、収入の4本柱（給与、家賃、個人業、配当）構築と決めて、約23年間、それぞれを育成してきました。現在では家賃収入が、他の数倍になりました。給与はサラリーマンである以上、必ず強制的にゼロにさせられます。

個人業には定年がありませんが、年齢や時代の流れで永久という保証もありません。ですから、最後は、これらの**フローを資本として、資産（不動産と紙系資産）を作り、そこからのキャッシュフロー（配当）だけで生活**する、という数10年スパンでの壮大な時間の流れになるでしょう。（私の年代は、一応年金も残存していると思われますが計算には入れていません）。

●今流財産三分法理論

古来の教科書に、財産は「現金」「証券」「不動産」の3つに分けろと書かれていました。しかし、サラリーマンの場合、自分自身の人的資本3億円の価値は「円」です。しかも**国内の賃貸物件と数千万円のマイホーム**があるとすれば、僅かな余剰金で国内の株や債券を購入しても、日本という一つの籠の中に「円」の価値に裏付けて盛っている、極めて偏った状態なのです。地球レベルでは日本のGDPは全世界の僅か6%程度に過ぎません。

井の中の蛙で、全く分散されていないのです。極論すれば、**紙系金融資産全てを「円」以外のモノに裏づけされた資産に投資しても、人的資本と不動産の価値を合計すれば、まだアンバランス**なほどです。

●分散ポートフォリオ

これまでの執筆書籍で、私が区分物件の現金買いを行うための自己資金を作った方法（80年代でしたので、国内投資がほとんどでした）をご紹介しました。

これらは、時代毎に、最適手法が全く異なりますので、今、同じことはできません。20数年前の中国成長株投資も、配当収入だけとし、売買は全くやっていません。

また、今は、収入には困っていないので、数年レベルの短期利ザヤを焦って、敢えてリスクを取りに行く必要もありません。

人的資本は、ハイパーインフレと財政破綻に対して最強であることは、東西統合の東欧や、アジア危機、昭和22年の日本のデノミなどで証明済みです。しかし、加齢でゼロになります。

一方、国内のインフレや財政破綻に耐えうる、普遍性のある安定的な円通貨以外の価値に裏づけされた「モノ」をポートフォリオ資産として保有し、そこからのフローがあれば、自分自身の人的資本（給与、士業）からのフローが途絶えても、家賃との両輪でリスクヘッジできうると考えています。

海外に拠点や銀行口座を持たない兼業サラリーマン大家でも、ネット証券を使い、米国のＥＴＦやＩＮＤＥＸファンドで十分、国際分散投資と円暴落へッジができます。

☆モダンポートフォリオ理論（ＭＰＴ）で世界株価指数を保有

不動産投資を補う投資対象を長期的にみると図17のように世界経済成長と相関する株式

図17　株価指数とその他指数の200年間比較

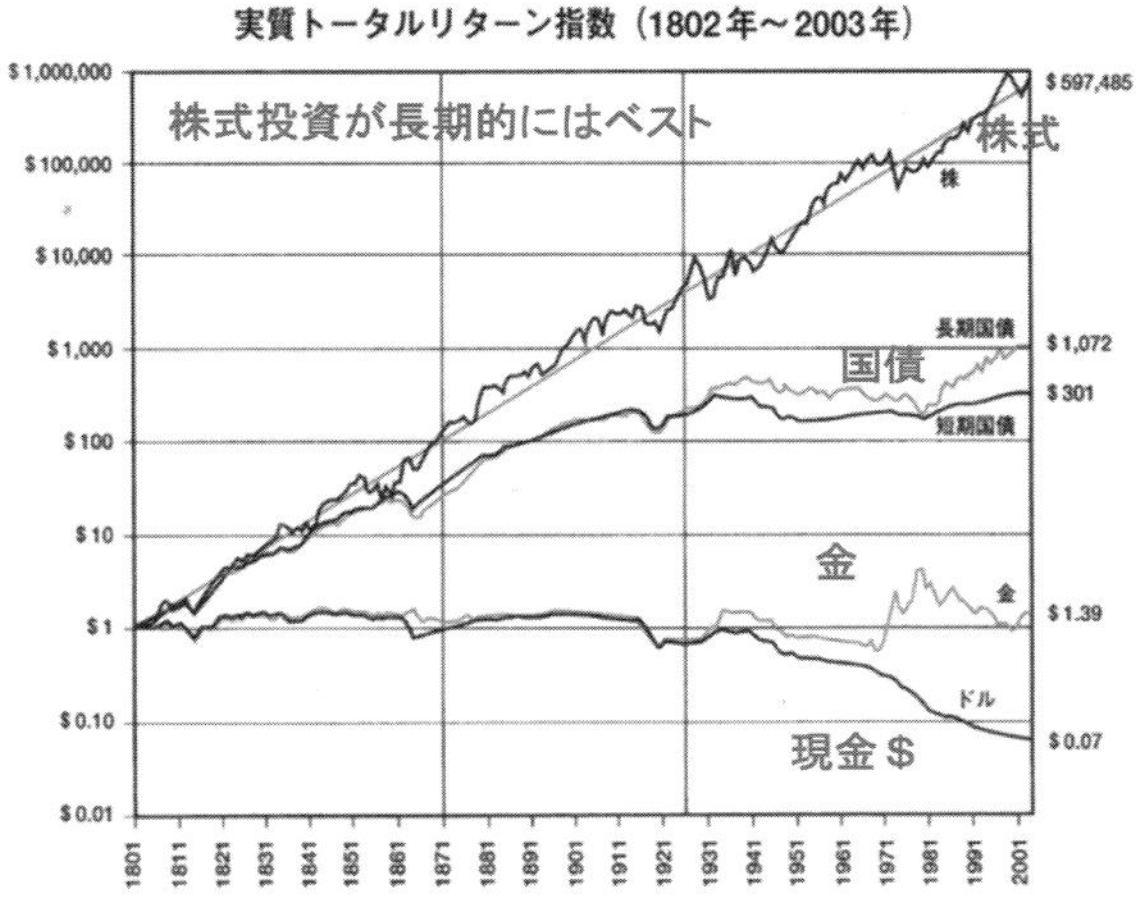

が王道だと実証されています。株式ポートフォリオの基本はノーベル賞に裏付けられ、理論的には正しいMPTです。私の過去の証券投資実験からも、サラリーマン個人にとって安定着実な方法は地球上の全資本に投資すること、即ち世界株価指数を保有することと考え実行しています。実際に世界経済は米国が基軸通貨$で支配し、世界GDPの過半も米国が占めます。従ってSP500（米国株価指数）を保有すれば十分で、その選定基準は「売買手数料が無料か最安値のネット証券」を使って「信託報酬手数料が安い」SP500 ETFに投資することです。具体的にはNYSE（ニューヨーク証券取引所）のVOO（ティッカーコード）が信託報酬手数料＝0・04％です。このETFは、あのウォーレンバフェッ

図18　米国株価指数60年間変化

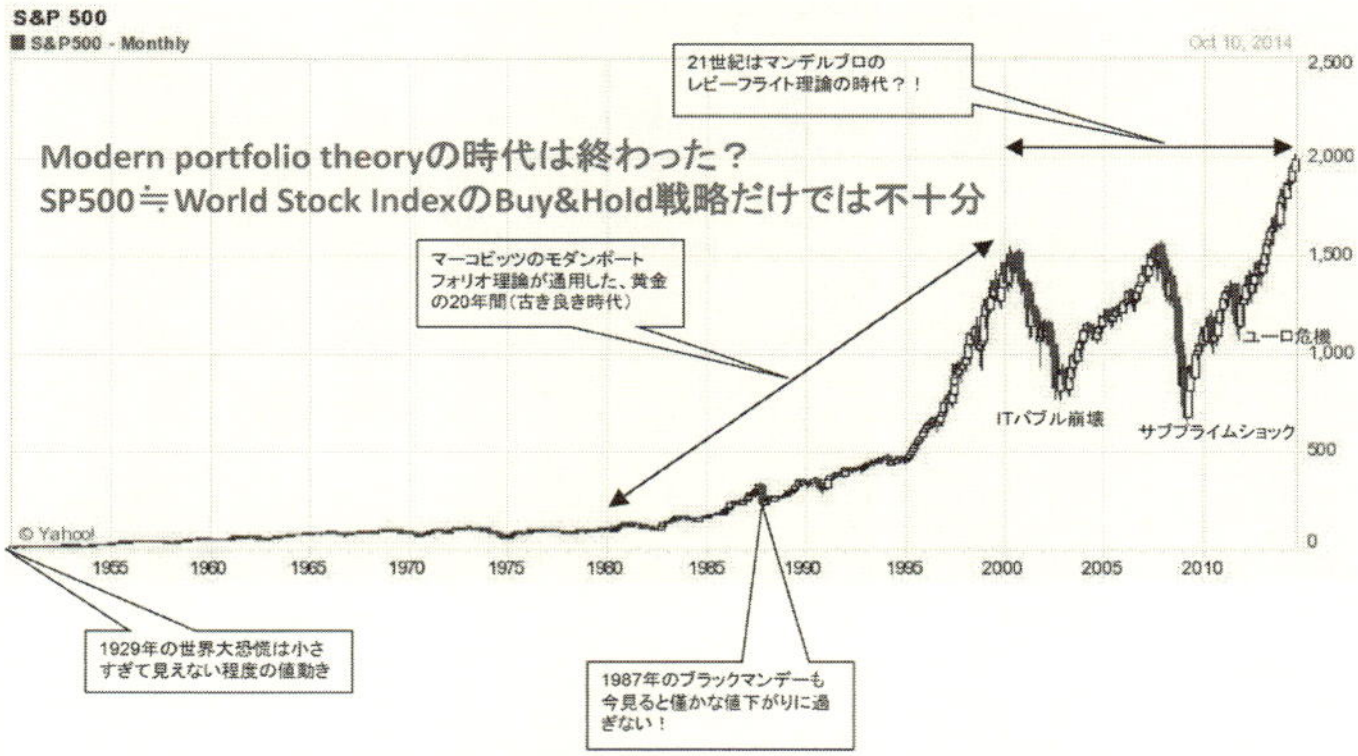

米国株価指数　60年間の値動（Yahoo WEBより引用）

トも投資が分からない自身の妻に薦めると言っています。日本国内のＩＮＤＥＸファンドやＥＴＦ（１５５０）は売買手数料がノーロードでも信託報酬手数料がＶＯＯの数十倍以上高額なので不利です。

ただし図18のように買い持ちしていれば値上がりする牧歌的な時代は20世紀で終わっているので、人的資本と不動産からのCFを使って暴落時にナンピン買いして行く投資方法を実行しています。配当は自動再投資なら課税されず理論的に有利ですが、ＶＯＯは配当金が支払われます。しかし、国内の高額な信託報酬手数料の自動再投資の投信よりも配当を＄キャッシュで受け取り、安値のタイミングで再投資した方が自己裁量で投資機会を制御できるメリットがあると思います。

☆米国の大型バリュー個別株を資産として保有する

ＶＯＯへの投資は理論的に正しいですが、成長に時間がかかります。これを長期的に凌駕するアクティブファンドはプロでも過半に満たないようです。しかし個人投資家は決算も出口も強制されませんので、個人最適で売買&保有できます。そこで長期安定的に収益を上げ続け、利益を株主還元している優良財務基盤の米国大企業で、その製品・サービスが世界市場をほぼ独占している世界的勝ち組の個別株に長期投資します。例えばＫＯ（コカ・コーラ）配当３・６％、ＪＮＪ（ジョンソン&ジョンソン）ＲＯＥ＝23％など着実な収益実績が見通せる盤石の財務体質の企業を、マーケットでの安値を拾って、配当を貫いつつホールドし、一時的な株価の暴落時に配当を再投資し続ければ、株価が戻った場合に株数の加速度で配当も急増して行きます。スクリーニングの基準として以下の例が考えられます。

－安定配当実績∨10年間
－ＲＯＥ&ＲＯＡ∨12％を毎年継続
－ＥＰＳと営業ＣＦが継続10年間プラス成長
－営業ＣＦ∨売上高×20～30％
－経常利益÷時価総額∨米国債利回

－PER＜20のタイミングで買う

アメリカ市場は将来、新興超大国である中国、インドの追い上げに負けるという説も納得できますが、優良大型企業（ダウ30銘柄等）は企業の製品・サービスが全世界に行き渡っており、米国だけに留まらない世界企業となっているのです。新興国経済が成長すれば当然、こういった世界企業も潤います。ナスダック（QQQ）のような値上がりの派手さはありませんが、資産として配当を$キャッシュで貰いながら長期的保全戦略には向いていると考えます。いわゆる「ダウの犬戦略」（ダウ上位10位を見て、中周期の一定期間で、最も値上がりした銘柄を売り、最も利回りの高い銘柄を買うナンピン投資を手数料負けしない額で繰り返す）などを組み合わせも良いでしょう。（もちろんQQQへ分散投資しても良いでしょう）

前作でMSCI ACWI（1554）や配当貴族（2044）、SDYを上げましたが、その後の投資実験では信託報酬手数料を考えると、バフェが言う通りVOOには及びませんでした。

☆ウォーレンバフェット自身へ投資する

米国バリュー株投資の成果最高峰は誰もが知るウォーレンバフェットです。それな

図19　米国株価指数SPYとBRK比較

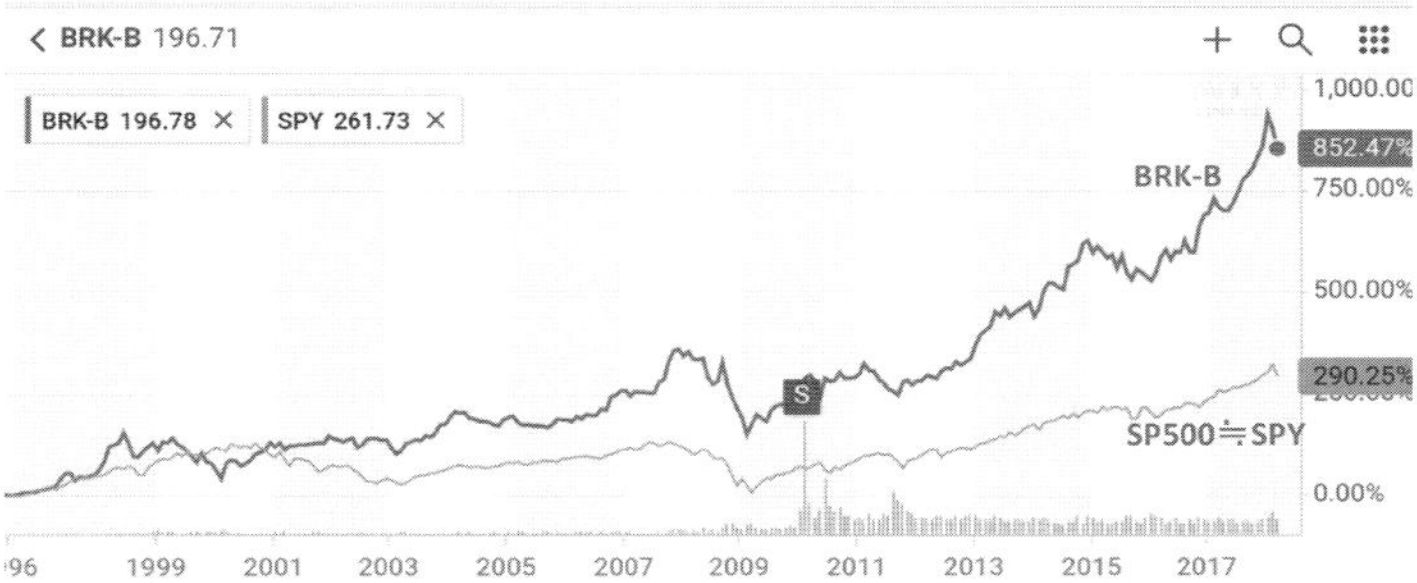

ら彼が保有するバークシャハサウェイ株へ投資する方法も実行しています。BRK-B株なら私どもも日本人投資家でもネット証券を使い1株（200$程度）単位、直接NYSEで購入できます。図19が示すとおり、長期的にSP500を凌駕するパフォーマンスを発揮しています。ただし、配当を出さず、再投資するのがバフェットの方針である点と、巨大に成長した企業が更に利益を上げ続けるのか？　彼自身が84歳とご高齢なので、それを心配される声もあります。

☆暴落時に利益を上げる投信はどうか？

前作ではTOPIXベアETF（1569）、VIX（1557）、日本国債ベアファンド等も上げましたが詰まるところ究極的にはオプション売買等を追求することになり、時間と労力の投入が必要となるようです。

時間と労力を考慮すると、賃金＋家賃CF＋株配当を前述のＶＯＯと米国大型バリュー株投資で暴落時にナンピン買いを行い、バイホールドして回復時に株数増により配当を加速させる戦略の方が、多忙な兼業大家さんの個人投資家には向いていると考えています。

当然、円（日本国債）が暴落しても＄ベースの前述米国個別企業株は＄ベースなので円相当では値上がりします。仮に日本経済のダメージの影響で株価が一時的に暴落しても、企業価値は世界経済と長年蓄積されたグローバル財務基盤に支えられ、必ず回復するはずです。

●首都圏大震災に備える

区分物件は土地がありませんので、大地震で建物がダメージを受けた場合、更地にして土地を売却するわけにはいきません。建物の撤去だけでも2～3千万円かかりますし、管理組合の同意も困難を極めるでしょう。一つの方法は、建物分散、立地分散です。

もう一つの対策は、借金を無くしておき、**保有物件と同じ金額の資産をバランスさせて持っておく**ことと毎月の管積キャッシュアウトの確保です。

物件が地震で全滅しても、再度、同じ分、現金買いできる別の形の資産があれば、挽回可能です。それ自体は、「円」現金よりも、地震によって到来するであろう経済危機でも暴落しない「モノ」の方が良く、具体的には、前述のような、**世界の株や通貨、モノに価値を裏打ちされている証券**ということになるでしょう。

私の場合は、スピードと時間不足で現時点では、ボリュームが到達しておらず、目標の半分程度といった所です。

タイムマシンで35年前の新人サラリーマンにタイムスリップして投資をやり直せるとたら？

区分物件への投資資金をどうやって作ったのか？と、良く質問されます。この答えは人的資本が基本です。仮に、自己資金ゼロのサラリーマン新人時代、１９８３年にタイムスリップした「後出しじゃんけんストーリー」（笑）を想像してみます。当時、世間知らずの私は、専門分野での研究開発以外関心がありませんでしたが、前途ある（？）2億円程度の人的資本の最大化が最も合理的な戦略です。

●サラリーマンの人的資本＝好きな仕事＝最大の財産

未来35年間、サラリーマン人生は絵巻物のように分かるので、私の特技を必要とした上司、同僚、部下には身を粉骨砕身、人的資本を提供します。

一方、私を踏み台に伸し上がった上司、足を引っ張って出世し、上から蹴落とした仲間には、細心の注意で、関わらないよう静かに距離を置きます。皆、人間としてはそれぞれ魅力ある方々で、ビジネスというゲーム＆スポーツに勝つために、ルール内でそうプレイしたまでのことなのでしょう。サラリーマン・ゲームで敗戦しても、戦国時代のように一族郎党、首は取られません。辛い事もありますが、人的資本を資金に換えるトレードオフバランスと考え、好きな事ができれば精神的には勝利です。その秘訣は「好きなことを仕事する」です。年収よりそれを優先できる経済的裏付けが兼業大家の家賃ＣＦなのです。

●人的資本の総額は個人の能力よりも属する組織の業態で決まってしまう

「好きな仕事」も業態によって人的資本に差が出ます。一例は、お医者様でも、勤務医と開業医では年収や業務時間が全く違うのと似ています。

１９８３〜２０１８年の35年間私が働いた電気エンジニアは、業態で生涯年収が違いました。①ハイテク製品メーカーではなく、②放送事業者か③電力事業者に居たら2倍にはなりました。（今は状況は少しずつ変化しています）その理由は、①は利益を研究開発費と設備投資に向けないと激烈な競争に勝ち残れません。一方、②③で扱う商品は、深く堅固な堀（②は電波法による周波数独占、③は電気事業法による地域独占）に守られています。過当競争がないので、同じ商品（②は電波送信、③は電力供給）で商品価格決定権もあり、利益を人件費や内部留保、株主への配当に回せるからです。（これは「バリュー株投資」のヒントにもなると思います。今は②は周波数オークションや放送とネットの融合、③は電力自由化等で状況は変わりつつある）とはいえ、当時は「お得な業態」への途中転職入社は厳しく、不利になる時代で、新卒就職時で生涯年収が支配されました。

「定年退職制度」も60歳を境に、人的資本を年齢だけで強制激減されるのは何とも不思議なシステムです。プロとしての価値を見下されたようで、男女差別以上の酷い年齢差別だなあ〜、と寂しくなります。欧米には年齢による定年などありません。

民間では、成果給で退職金も無い会社が半数程度になったそうですが、社会ルールを決めるのは、中央キャリア官僚で、その人的資本金額は、組織での序列と年功の年金、退職金制度です。今後も正規雇用傘下での島確保と椅子取りが人的資本の最大化ゲームルールで続くのでしょう。

私ども兼業大家さんは、より時代を先取りし、経済的背景を支えに個人対会社の契約で、何処とでも、何時でも働ける社会を目指したいものです。働く人の半数近くが「非正規雇用」の階級社会日本が生き残る道だと思います。

●自己資金を資産に換える運用法は時代により全く違う

１９８０年代の日本は金融規制で鎖国なので、国内投資に限定されました。社内預金（固定金利6％）、郵貯定額貯金（10年6％固定複利金利、非課税）、ビッグ、ワイド（5年9％固定複利金利）、郵便普通養老保険（15年確定利回）などガラパゴス商品しかしありません。平成バブルに向け日本株は急騰中でしたので成長株にも投資します。

当時、不動産の長期低金利融資はマイホームだけなので（住宅金融公庫、年金住宅融資、住宅財形いずれも30年返済固定3～5％、市銀マイホームローンは変動6～8％、一般個人の投資用ローンはそれ以上高金利）マイホームを購入します。転勤時社宅に移り、マイホームを賃貸します。

１９８９年末にバブルはピークを迎えるので、株を全部売却し現金化します。

一方、賃借人退去時、住所を社宅から自宅へ戻して売却し「自宅売却キャピタル益非課税特令」を使い現金化します。

バブル崩壊後、図Aの通り日本への投資は不利です。１９９２年に金融規制緩和で個人海外投資が解禁されるので、株の現金化資金で、外貨ＭＭＦ（当時はキャピタル益非課税）と、上海と深センのＢ株（外国人投資家が売買できる株式）に投資します。米ドル金利は6％、Ｂ株指数は30からスタートして１０００以上まで株式分割を繰り返し急騰します。

２０００年に全て売却して日本円キャッシュに変え、底値の国内不動産を現金購入してゆきます。１９９８年誕生の手数料格安ネット証券で、不動産のインカム資金で、次々と商品化されるリーズナブルなコスト（信託報酬手数料ミニマム）の米国ＮＹＳＥのＥＴＦ、バリュー株へ配当を得つつ、長期ナンピン投資を平行します。特に、ＩＴバブル崩壊時とリーマンショック時は全力で指数投信を仕込んでおきます。

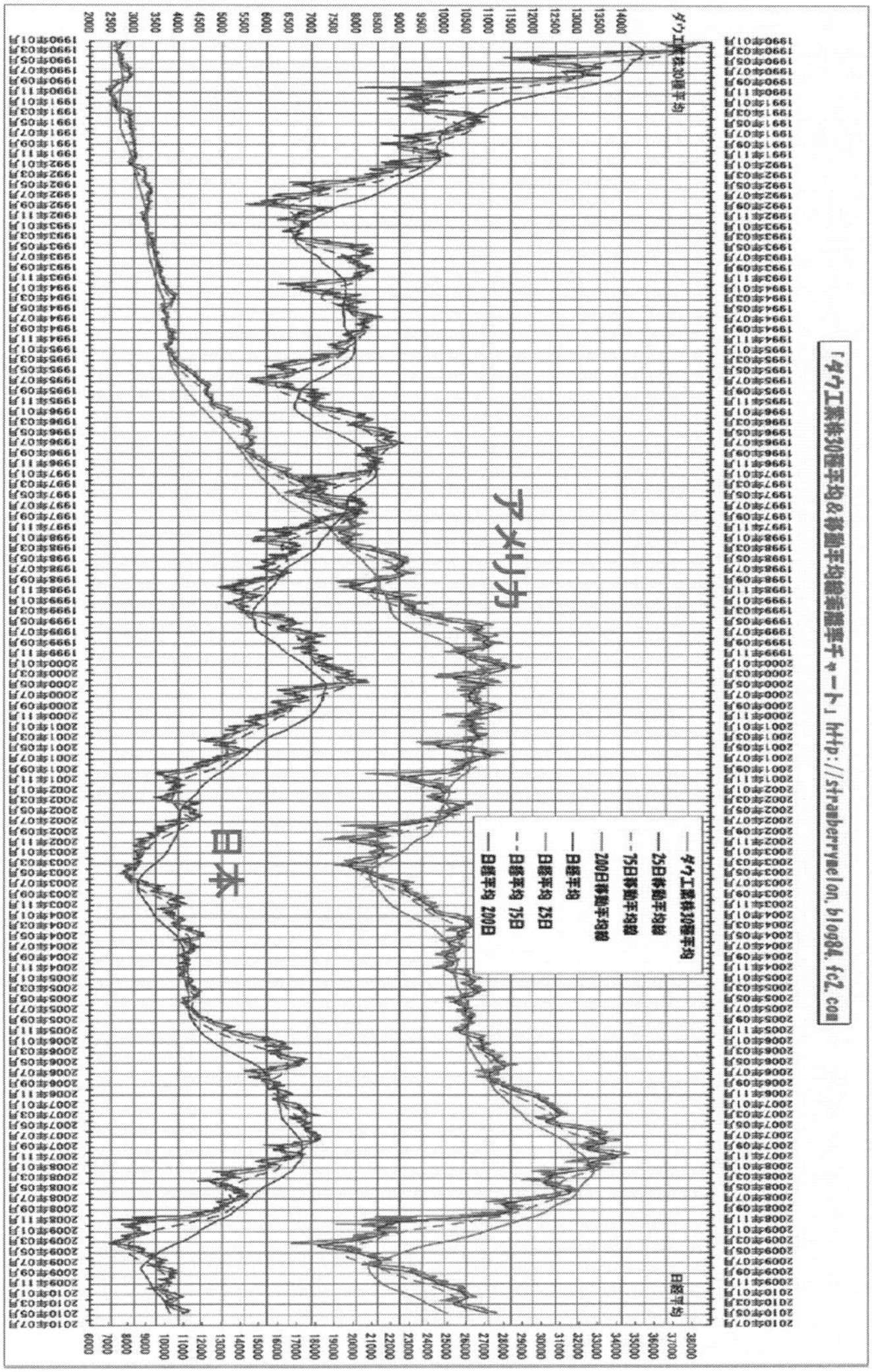

図A　日本とアメリカ1990～2010年比較

●それでは未来をどうするか？

以上はその時々、私の資金の一部を運用した方法ですが、もし、全財産をこの通り運用していれば、総資産は今の数10倍以上になっていた計算です（笑）。とまあ、こんな都合良い後付けストーリー投資はできず、読者はあきれ返ったことでしょう。

歴史に「ｉｆ」はタブーですが、神様でない限り、こんな歌舞伎役者の早変わりのような投資は無理で、その証拠が今の私です。未来が分かればこれだけ行動が違い、同じ私なるが故、投資の土俵もこの域から出られません。

平成の脳外科医が幕末にタイムスリップするフィクション物語「Ｊｉｎ－仁－」では、神がかり的な医療技術を持ち、歴史の未来が全て分っている主人公、南方仁でも自分の思い通りにはなりませんでした。しかし、身元不明で与信ゼロの南方仁は、唯一の人的資本たる医療技術を人に与え、助けて、次第に周囲の信用を勝ち得、恋人、同志でもある橘咲さんや、仁友堂の仲間達と精一杯生きます。その結果、勝海舟や坂本龍馬といった歴史的キーマンに友人として知恵を貸し、蘭方医の権威、緒方洪庵と江戸の街全体を救い、皇女和宮様をも奥医師として助けます。

神ならぬ私たち投資家は、未来を分かっていませんので、どうやら自分に最適なベストを生き抜くしかなさそうです。

●大家業を株価分析手法でバリュー評価して見る

「区分物件現金投資は効率が悪く儲からない」と言われています。この解決策がＣＦの小まめな再投資です。１室のみでは、一棟物件に比べ収益額が小さく再投資は難しいですが、複数物件を運営すれば、そのＣＦを再投資複利運用できます。詳細計算は省略しますが、次ページの図Ｂと図Ｃは１室と50室、夫々を一株の株券と仮定してＲＯＥ（株主資本利益率）、ＰＢＳ（一株価値）、ＥＰＳ（一株利益）をシミュレーションしてみました。50室の規模になるとＥＰＳが長期安定成長する優良バリュー株になることが分かります。

図B　1室だけでは複利効果のEPS成長が無い

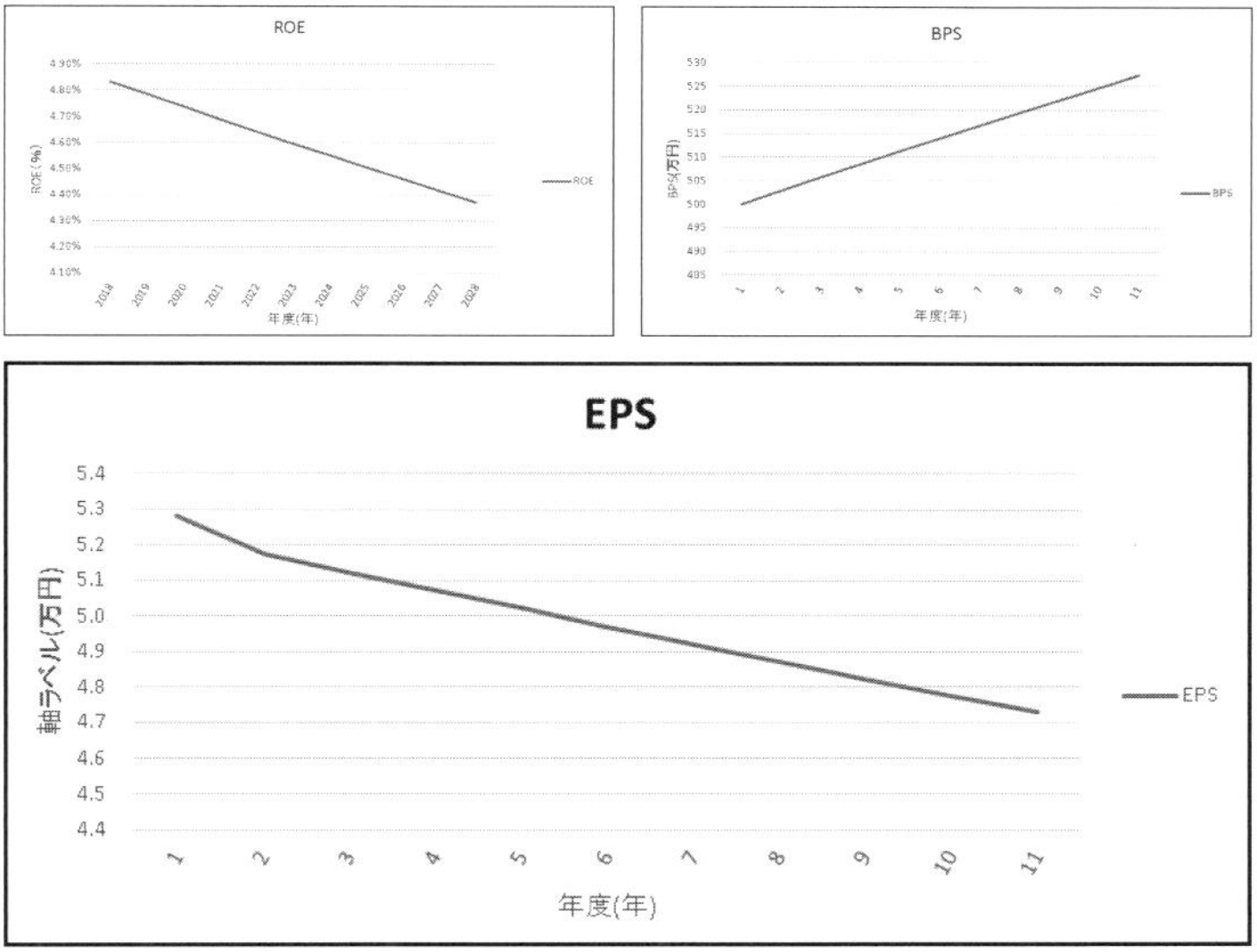

図C　複数室なら複利効果によりEPS成長できる

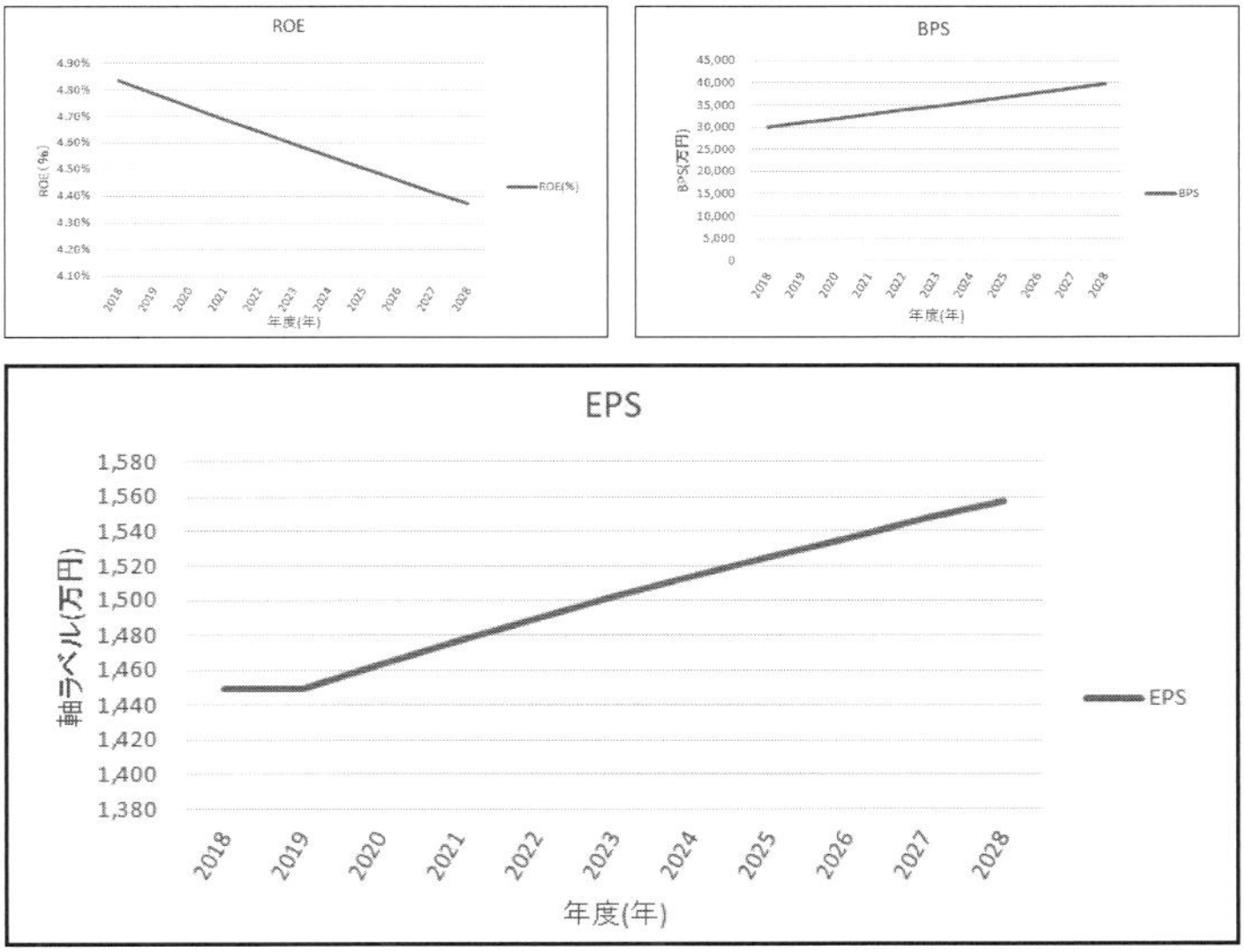

不動産投資家　沢孝史氏 より本書への推薦

・仮免許と不動産投資

もし、あなたが「車を運転できるようになりたい」と思ったら、誰に教えてもらいたいでしょうか。

仮免許を持っている人？

それとも免許取りたての初心者ですか。

そんなことはありませんね。教わりたいのは経験を積んだベテランドライバー、それも無事故無違反で表彰されているような人が理想でしょう。

では、不動産投資をしようと決心したら？

巷には不動産で大成功、素人サラリーマンでもここまで出来た！　不動産投資を始めてわずか数年でサラリーマンをリタイヤ！　家賃収入で悠々自適・・・

このようなフレーズの本やセミナーが飛び交っています。とても親近感が湧いて「私にも出来そうだ」とつい思ってしまいますね。

でも、ちょっと待ってください。不動産投資の成否が「わずか数年」で判るものでしょうか。

本を出したり、ブログを書いたり、セミナーをやっているからと単純に信じて良いのでしょうか。

もちろん、そのような人達がすべて嘘を言っているということではありません。多くはきっと自分の経験を伝えようと熱意を持って活動しているのでしょう。

でも、不動産投資で数年のキャリアはまだ仮免許取立てのレベル、5年程度で初心者、10年近くでやっと若葉マークが取れるくらいでしょう。

そう考えると不動産投資本が続々と出版されている中で、ベテランドライバーと言える先人の本は数少ないことが判ります。

その数少ない本の中でも、不動産業界関係者ではなく、さらに利益誘導のかけらもなく不動産投資を志す人達のために純粋に書かれた本は実は非常に希少なのです。

芦沢晃氏は私が筑摩書房での出版のお手伝いをして以来、親しくさせていただいていますが、間違いなく　知識、経験、そして真直ぐな良心を備えた本当に貴重な「超優良ドライバー」と確信しています。

その彼が新たに新作を出すと聞き、喜んでこの文を書かせていただきました。

事故なく違反なく本当の運転を覚えたい、つまり不動産投資で失敗することなく、また不正で自分の社会的信用を毀損することなく目標に到達したいと思うのであれば、本書は本当に必読の書です。

また、著者は遠慮深く、区分物件に限定した本としていますが一棟ものを中心に投資している私にとっても「こんな考え方があったのか」と改めて考えさせられる示唆に富んだ内容でした。

区分投資を目指す方はもちろん、経験を積んだ方にとっても本書は大きな価値があります。

本書によって、
読者の皆さんが不動産投資への理解がより深まることを。
不動産投資で確実に成果を挙げることを。
そして、より充実した人生を送れることを。

沢孝史

あとがき

●兼業大家さんで働き方改革を実践できる

サラリーマン兼業大家さんは人的資本と家賃の両方からのＣＦを車の両輪動力にして再投資、複利運用し、生活費を補いながらローリスクにミドルリターンに資産形成できます。それを継続することで、リストラや定年退職に際しても、会社や組織の権益に不本意ながら執着する事なく、慌てず、今までの延長線上で連続的に無理なく自然体で生きてゆけます。

その秘訣は、年収を家賃収益で補い、好きな事を仕事にして、毎月のＣＦを再投資複利運用すれば良いのです。兼業大家生活は長いですから、慌てて急拡大する必要はありません。「正規雇用」と「非正規雇用」の２階層・身分制度社会となってしまった日本が、真の意味で平等に働き方改革するには、年功システムで構築された社会保険制度の既得権者世代がリセットされるまで、まだまだ時間がかかります。私達、兼業大家さんは自らの力で生活できますので、各人の持つ才能を賃貸業で経済的にバックアップしつつ、好きな仕事で「働き方改革」の先駆けになって頂きたいと願います。

●大家業を長期バリュー株投資の目線で見る

これを実現するには、賃貸業の毎月の収益がプラスで、そのCFを生活費（配当）と、次の投資、即ち物件の購入&修繕や証券の購入（設備投資と内部保留）に回せることです。視点を変えれば、皆さまがお持ちの大家業そのものに株式投資するお気持ちで、客観的に第三者の投資家目線でご自身を評価してみます。賃貸業全体をバリュー株だとすれば、物件価値とそこから上がる収益の合計が毎年成長し、そこから生み出された現金を自分の生活に生かせ（配当）、大家業へも再活用できる（内部保留）こと。これは融資を使っても現金でも、金額の大小の差だけで、同原則だと思います（222ページコラム参照）。

この原則を外さない方法と物件で、兼業大家さんを継続すれば、その結果として、大家業の成功と幸せな人生は実現可能と確信しています。

●介護は今後も確実に増加しても、家賃収益で対応できる

私の大家業はアルツハイマー病（パーキンソン病も併発）の老親介護の費用と時間確保が最大の目的でした。昨年、母は急逝し、18年間の介護に終止符を打ちましたが、大家業の根底には母があると改めて感じます。母は戦争で身内を亡くし、住み込みで働いていた

小さな薬屋の仕事をしながら、私が幼少の頃、社宅の家賃集金と管理を任されていました。幼少期から商家で育った商才を生かして借家運営をする母の日常が、幼少期の私にも刷り込まれたのかもしれません。

そんな母の介護が始まった当時、私が投資メンターと仰いだ（故）邱永漢氏から「個人の介護力は時間と労力に限界がある。預ける施設のクォリティーに不安があるなら、資金で補うしかない」というアドバイスを受け、母の介護費用は（エンジニアが本業だったにも拘わらず）母から示唆された大家業という門外の商売での収益を当てることで乗り切れました。ほぼ同時にサラリーマン業を卒業できたことも、母の加護の賜物ではと感じています。

今後は、私自身と妻の老後、介護がやって来ますが、23年間、運転できた賃貸システムは、今後も大きな故障なく走り続けられると考えています。その故障をバックアップするのが、家賃収益を証券に再投資し、価値ある企業株を保有しながら配当を複利運用する方法を実践しています。詰まるところ、前述の大家業からの配当＋証券配当を介護費用に当てられる結果です。

●各人最適の人的資本活用が兼業大家を支える

更に、サラリーマン卒業後も、大家業の他に、私が好きな専門技術での個人業も継続して、そこからの人的資本で資金を作り出す兼業大家を継続しています。

これらは、私自身の才能の範囲でのベストと思われる方法なので、皆さまなりに、各自に最適なスタイルで兼業大家業を開始して、幸せな人生を送られることを願ってやみません。

最後に、ご愛読頂いた読者の皆様、過去2万5千人の愛読者、数千名のセミナーご聴講者。日頃、お世話になっている不動産業界の皆様、出版社、メディア各位の皆様、そして講師仲間の皆様。

いつもご推薦を頂く師匠・沢孝史氏、貴重なアドバイスの頂く著名・大家の先生方、お世話になって多くの大家さんの皆様。

そして出版の機会を頂いた、ごま書房新社の大熊編集長、関係者の皆様へ心から御礼申し上げます。

2018年7月

サラリーマンと介護生活の卒業の年に記す。

芦沢　晃

参考文献（私の人生に教示を下さった筆者に敬意を込めて）

●不動産投資の参考書

・「お宝不動産で金持ちになる」沢孝史（筑摩書房）
・「不動産投資を始める前に読む本」沢孝史（筑摩書房）
・「不動産投資成功へのイメージトレーニング」沢孝史（筑摩書房）
・「40代からの堅実不動産投資」沢孝史（ごま書房新社）
私の不動産投資のお師匠様。「お宝不動産」の生みの親でもあり、数々の起業家、投資家がここから生まれました。皆で楽しく学び合う不動産投資を実践、一棟物件メガ大家さんのディープな手法をじっくり勉強させていただき、区分物件運営に生かせたことは人生のお宝！
・「サラリーマンでも大家さんになれる46の秘訣」藤山勇司（実業之日本社）
元祖サラリーマン大家さん＆神様である先生が、法人ではなく、青色個人事業者で区分物件を運営されているとお聞きし、サラリーマンは続けてと、何度もご指導いただいた啓示は千金に値します。
・「逆算で夢をかなえる人生とお金の法則」（お宝不動産セミナーブック）北野琴奈（筑摩書房）
OLから大家さん＆プロFPと華麗に変身なさった美人大家さんのダイナミックな必読書。先生のセミナーは知恵と癒の両方をいただきました。
・「全国どこでもアパート経営」（お宝不動産セミナーブック）寺尾恵介（筑摩書房）
ハートブレインさん発行の「満室経営新聞」は大家さん必読情報！
・「不動産投資で地獄を見た人の怖い話」　加藤隆　（ぱる出版）
これでもか、という程の多くの事件を飄々と乗り越えていらっしゃるのは、加藤先生のお人柄と、バブル前から全物件ホールドで乗り切った体験の豊富さ、そして、区分物件中心で運営しているからこそ、被害を局所化し、あっさりと読めるほど簡単解決できたのでしょう。
・「リスク分散型不動産投資術」JACK（ごま書房新社）
IPOと株式優待など、独自戦略の辣腕株式投資家が区分マンションとの組合戦略を実践。

・「金持ちリタイア・貧乏リタイア〜社長より稼ぐサラリーマン大家の不動産投資術」黒木陽斗（ぱる出版）
・「年収500万円以上の人が豊かなまま早期リタイアを果たす実践マニュアル」佐藤一彦（ごま書房新社）
・「マンション投資は益々儲かる」茨木良介（かんき出版）絶版
バブル前1980年代からバブルを乗り越え、今も現役投資家＆元祖サラリーマン区分大家さんの名著。バブルとは、どんな心理状態か？　今、これを体験できる必読の書。
・「金持ち兄さんの王道」藤田憲一（講談社）
バブル後の区分マンション投資のバイブル・ベストセラー。バブル後の区分1R投資手法を開拓、実践法を示し、再燃役となったマイルストーン。藤田氏が若くして早世されたのは何とも惜しまれます。きっと、天国から後進の大家さんの繁栄を見守ってくださっていることでしょう。

・「中古マンション投資の極意」（お宝不動産セミナーブック）芦沢晃（筑摩書房）
筆者の処女作。何故サラリーマン・エンジニアが大家になったのか？　どんな物件を運営中か？
・「最新版　中古1Rマンション堅実投資法」芦沢　晃（ごま書房新社）
本書の前作、処女作の後日談が続きます。改訂を続け、現在は3版（最新版）のロングセラーとなりました。2014年前半まで（19年間）の私の最新不動産投資事情や当時（43室所有）より、代表的な物件の取得から現状までを区分投資初心者でもわかりやすいように解説しています。

●投資全般の参考書
・知的人生設計のすすめ「お金持ちになれる黄金の羽根の広い方2015」橘玲（幻冬舎）
海外投資とPT（永遠の旅行者）の章が削除されたことで、今後の日本人の投資潮流が見通せる。
・ホントは教えたくない資産運用のカラクリ4「新バフェット流で資産形成」安間　伸（東洋経済新報社）
バフェット投資法は素人でも即実行可。後半のオプションはセミプロ向け。

・「ウォール街のランダムウォーカー」バートン・マルキール（日本経済新聞出版社）
ノーベル経済学賞に輝く20世紀不滅の、誰もが今すぐできる株式投資法。
・「賢明なる投資家」ベンジャミン・グレアム，ジェイソン・ツバイクパン（パンローリング）
・「証券分析」ベンジャミン・グレアム（パンローリング）
・「バフェットからの手紙」ローレンス・A・カニンガム（パンローリング）
日本語訳としては読みにくく忍耐が要るが、思想内容はバフェット御本尊。
・「お金のエッセンス」邱永漢（グラフ社）絶版
私のメンターであり投資の原点となった、人生を変えた1冊。
・「金持ち父さん貧乏父さん」（改定版）ロバートキヨサキ（筑摩書房）
同じ出版社から拙書を上梓できたのは本当に光栄です。

著者略歴

芦沢　晃（あしざわ　あきら）

1958年、借家住まいのサラリーマン家庭に生まれる。都内某大学大学院で電気工学を専攻。電気メーカーへ入社。

1989年、自宅中古マンションをローンで購入、住替えで担保割れ売却不能、自己資金1500万円を失い全額借金となる。

自宅賃貸をきっかけに、手探りの不動産投資をスタート。その後、中古賃貸マンションを1部屋ずつ時間をかけて現金投資。現在、都心～京浜地区を中心に区分分譲マンション53棟にて54室を運営中。大家歴23年、手取り家賃手残りは年間約2,700万円となっている。

課長職を最後にリストラにより46歳で指名定年解雇。同年、某IT企業で再度、現役サラリーマンエンジニアを継続。その後、某電気設備メーカーへ転進、55歳にして最前線の現役エンジニアへの復帰を果たす。現在は、18年間に及ぶ母の介護が終了し、個人対会社での個別契約を結び、技術支援業務を継続する「働き方改革」の草分けにチャレンジ中。大家業、個人技術士業での講師や執筆も人気を博す。

著書に『最新版 中古1Rマンション堅実投資法』（ごま書房新社）、『お宝不動産セミナーブック サラリーマン大家さんが本音で語る「中古マンション投資の極意」』（筑摩書房）ほか。DVD『不動産投資ノウハウ完全版「8つの戦略」DVD』（楽待）も好評。

東京オリンピック直前版
“中古ワンルームマンション”投資の秘訣！

著　者	芦沢 晃
発行者	池田 雅行
発行所	株式会社 ごま書房新社 〒101-0031 東京都千代田区東神田1-5-5 マルキビル7F TEL 03-3865-8641（代） FAX 03-3865-8643
カバーデザイン	堀川 もと恵（@magimo創作所）
印刷・製本	倉敷印刷株式会社

ISBN978-4-341-08711-1 C0034